Psychische Entwicklung

Ein unverzichtbares Hilfswerk für Telepathie, Wahrsagerei, Astralprojektion, Medialität, Hellseherei, Heilung und übersinnliche Hexerei

© Copyright 2024

Alle Rechte vorbehalten. Kein Teil dieses Buches darf in irgendeiner Form ohne schriftliche Genehmigung des Autors reproduziert werden. Rezensenten dürfen in Besprechungen kurze Textpassagen zitieren.

Haftungsausschluss: Kein Teil dieser Publikation darf ohne die schriftliche Erlaubnis des Verlags reproduziert oder in irgendeiner Form übertragen werden, sei es auf mechanischem oder elektronischem Wege, einschließlich Fotokopie oder Tonaufnahme oder in einem Informationsspeicher oder Datenspeicher oder durch E-Mail.

Obwohl alle Anstrengungen unternommen wurden, die in diesem Werk enthaltenen Informationen zu verifizieren, übernehmen weder der Autor noch der Verlag Verantwortung für etwaige Fehler, Auslassungen oder gegenteilige Auslegungen des Themas.

Dieses Buch dient der Unterhaltung. Die geäußerte Meinung ist ausschließlich die des Autors und sollte nicht als Ausdruck von fachlicher Anweisung oder Anordnung verstanden werden. Der Leser / die Leserin ist selbst für seine / ihre Handlungen verantwortlich.

Die Einhaltung aller anwendbaren Gesetze und Regelungen, einschließlich internationaler, Bundes-, Staats- und lokaler Rechtsprechung, die Geschäftspraktiken, Werbung und alle übrigen Aspekte des Geschäftsbetriebs in den USA, Kanada, dem Vereinigten Königreich regeln oder jeglicher anderer Jurisdiktion obliegt ausschließlich dem Käufer oder Leser.

Weder der Autor noch der Verlag übernimmt Verantwortung oder Haftung oder sonst etwas im Namen des Käufers oder Lesers dieser Materialien. Jegliche Kränkung einer Einzelperson oder Organisation ist unbeabsichtigt.

Inhaltsverzeichnis

EINFÜHRUNG 1
KAPITEL EINS: SIND SIE DAZU BEREIT, ZUM HELLSEHER ZU WERDEN? 3
KAPITEL ZWEI: WIE SIE IHRE ANGEBORENEN ÜBERSINNLICHEN FÄHIGKEITEN RICHTIG NUTZEN 13
KAPITEL DREI: HELLSEHERISCHE HILFSMITTEL 26
KAPITEL VIER: VERSTEHEN SIE DEN ASTRALKÖRPER 37
KAPITEL FÜNF: ASTRALREISEN 48
KAPITEL SECHS: BEGINNEN SIE IHRE ÜBUNGEN ZUR MEDIALITÄT 59
KAPITEL SIEBEN: TELEPATHIE ENTFALTEN 67
KAPITEL ACHT: KUNST DER WAHRSAGEREI 76
KAPITEL NEUN: WAHRSAGEREI ÜBEN 82
KAPITEL ZEHN: DIE MACHT DES HELLSEHENS 87
KAPITEL ELF: SPIRITUELLES HEILEN: DIE ARBEIT MIT ENERGIE 92
KAPITEL ZWÖLF: KRISTALLE ZUR HEILUNG UND FÜR DIE PERSÖNLICHE KRAFT 102
FAZIT 106
HIER IST EIN WEITERES BUCH VON MARI SILVA, DAS IHNEN GEFALLEN KÖNNTE 107
REFERENZEN 108

Einführung

Wenn man Ihnen sagen würde, dass Sie besondere übersinnliche Fähigkeiten haben, die an das Übernatürliche grenzen, würden Sie wahrscheinlich anfangen, hysterisch zu lachen. Nun, zumindest würden Sie das, wenn Sie bisher noch nicht gut mit übersinnlichen Entwicklungen vertraut sind. Gehen Sie üblicherweise einfach davon aus, dass Sie ein ganz normaler Mensch sind, der in keiner Weise besonders ist? Nun, tatsächlich sind Sie weit davon entfernt, gewöhnlich zu sein. In Ihrem Inneren ist eine Menge los, aber Sie müssen das erst noch erkennen. Das bedeutet nicht, dass Sie merkwürdig sind oder sich von anderen unterscheiden. Wenn wir jeden aufgrund seiner übersinnlichen Kräfte als „besonders" bezeichnen würden, wäre jeder auf die eine oder andere Weise außergewöhnlich. Und warum? Weil jeder Mensch, auch Sie, übersinnliche Fähigkeiten hat.

Da Sie sich noch nicht systematisch mit übersinnlichen Fähigkeiten und Kräften befasst haben, basiert Ihre Vorstellung von übersinnlichen Gaben möglicherweise auf dem, was Sie im Laufe der Jahre im Fernsehen gesehen haben. Infolgedessen sind Sie vielleicht in dem Glauben aufgewachsen, dass übersinnliche Fähigkeiten nur einer Handvoll Menschen zugänglich sind, von denen Sie annehmen, dass sie entweder ungewöhnlich oder außergewöhnlich sind. Zum Beispiel ist das meiste, was Sie im Fernsehen über Hellseher und Medien gelernt haben, bloßer Zufall, oder zumindest der Großteil davon. Jeder Mensch hat übersinnliche Fähigkeiten. Manche Menschen haben eine stärkere Veranlagung für diese Fähigkeiten als andere. Das bedeutet, dass manche Menschen besser mit ihren übersinnlichen Fähigkeiten umgehen können als andere, aber letztendlich hat jeder Mensch diese Fähigkeiten.

Das Problem liegt darin, Ihre übersinnlichen Fähigkeiten zu erkennen und zu erlernen, wie Sie diese Fähigkeit nutzen können, um jeden Aspekt Ihres Lebens zu verbessern. Ich möchte Ihnen helfen, dieses Konzept besser zu verstehen. Der Prozess, der dazu notwendig ist, um Ihre übersinnlichen Kräfte zu entfalten und Ihre übersinnlichen Sinne zu erwecken, wird *psychische Entwicklung* genannt. Die psychische Entwicklung ist ein Prozess des Erwachens, bei dem Sie Ihre wahren Fähigkeiten als Mensch erkennen. Der Zweck dieses Buches ist einfach: Es dient Ihnen als Leitfaden für Ihre psychische Entwicklungsreise und führt Sie Schritt für Schritt durch den Prozess Ihres psychischen Erwachens.

Dieses Buch wurde in klarer und prägnanter Sprache geschrieben. Es richtet sich an alle Leser, vom Anfänger bis hin zu denjenigen, die bereits gute Grundkenntnisse über den Prozess der psychischen Entwicklung haben. Es spielt also keine Rolle, ob Sie gerade zum ersten Mal etwas über übersinnliche Fähigkeiten lernen oder ob Sie die Grundlagen bereits kennen - dieses Buch ist in jedem Fall für Sie geeignet. Ich erkläre Ihnen vom ersten bis zum letzten Kapitel des Buches ausführlich die verschiedenen übersinnlichen Fähigkeiten die es gibt und wie Sie Ihre eigenen verbessern können. Das Buch enthält einfache und überschaubare Übungen, Techniken und Beispiele, die Ihnen das Verständnis des Themas erleichtern sollen. Was dieses Buch von ähnlichen Büchern auf dem Markt unterscheidet, ist, dass es aktuelle und leicht verständliche Informationen enthält. Noch wichtiger ist, dass die Übungen, Techniken und Anleitungen praxisnah sind, d.h. Sie können sie jederzeit in die Praxis umsetzen.

Wenn Sie ein Buch mit einer gesunden Mischung aus Theorie und praktischen Anleitungen suchen, das Ihnen hilft, Ihre übersinnlichen Fähigkeiten zu entfalten, dann ist dies genau das richtige Buch für Sie. Lassen Sie uns die Reise ohne weitere Verzögerung beginnen!

Kapitel Eins: Sind Sie dazu bereit, zum Hellseher zu werden?

Unabhängig davon, was Sie von Hellsehern und übersinnlichen Fähigkeiten halten, haben auch Sie übersinnliche Kräfte - zumindest bis zu einem gewissen Grad hin. Wie ich bereits in der Einleitung erwähnte, besitzt jeder Mensch übersinnliche Fähigkeiten. Viele haben gelernt, ihre Fähigkeiten zu verfeinern und zu nutzen, während andere ihre Fähigkeiten schlummern lassen und darauf warten, dass sie geweckt werden. Wenn Sie jemals Ihre Intuition oder Ihr „Bauchgefühl" genutzt haben, um eine Entscheidung zu treffen, die sich als richtig erwiesen hat, sind Sie zweifellos ein Hellseher. Nun fragen Sie sich vermutlich, ob die Intuition das Gleiche wie die Hellseherei ist.

Bis zu einem gewissen Grad, ja. Die Fähigkeit zur Intuition ist dasselbe wie die Fähigkeit zum Übersinnlichen, aber übersinnliche Fähigkeiten können so weit verfeinert werden, dass sie schließlich über die reine Intuition hinausgehen. Das bedeutet, dass Sie sich selbst trainieren können, um Ihre übersinnlichen Fähigkeiten über die Kraft Ihrer Intuition hinaus zu verbessern. Anstatt sich bei Entscheidungen auf Ihr Bauchgefühl zu verlassen, können Sie Ihre hellseherischen Sinne so weit schärfen, dass Sie einfach sicher wissen, was zu tun oder zu lassen ist. So einfach kann das Leben sein. Aber das Erlernen solcher Fähigkeiten ist nicht einfach.

Viele Menschen beginnen den Prozess des hellseherischen Erwachens in dem Glauben, dass alles einfach und unkompliziert verlaufen wird, aber sie werden in solchen Fällen oft enttäuscht. Die Enttäuschung rührt daher, dass sie die Reise in dem Glauben antreten, dass Sie innerhalb von ein paar Monaten viel erreichen können. Ich habe sogar schon mal jemanden getroffen, der übersinnliche Fähigkeiten als Modeerscheinung bezeichnete, weil er eine Woche nach Beginn des Lernens noch keine Astralprojektion erreichen konnte. Ich war bestürzt, als ich erfuhr, dass ein vermeintlicher Hellseher dieser Person versprochen hatte, dass man die Astralprojektion in fünf Tagen erlernen könne, solange man nur konsequent genug übte. Tatsächlich mag Konsequenz für die Entwicklung übersinnlicher Fähigkeiten entscheidend sein. Dennoch wird Ihnen das alleine nicht dabei helfen, eine der übersinnlichen Fähigkeiten in ein paar Tagen zu entwickeln.

Wenn man gerade erst anfängt, das Hellsehen zu erlernen, ist es am besten, es als das Erlernen einer neuen Fähigkeit zu betrachten. Sie würden beispielsweise beim Erlernen einer anderen Fertigkeit, wie zum Beispiel Grafikdesign, auch nicht alles nach nur fünf Tagen wissen. Warum sollten Sie also erwarten, dass Sie die Hellseherei oder Telepathie in fünf Tagen lernen können? Genauso wie Sie sich in jeder Fähigkeit, die Sie neu lernen, langsam weiterentwickeln müssen, indem Sie ständig neue Verfahrensweisen und Methoden erlernen, müssen Sie dasselbe bei der psychischen Entwicklung auch tun. Das heißt, Sie müssen geduldig und ausdauernd bleiben und stets offen für Lernfortschritte sein. Bevor Sie die Frage, ob Sie dazu bereit sind, ein Hellseher zu werden, mit „Ja" beantworten können, müssen Sie sich vergewissern, dass Sie während der gesamten Reise geduldig bleiben werden. Geduld ist die wichtigste Eigenschaft, wenn es um die Entwicklung Ihrer übersinnlichen Fähigkeiten geht. Wenn Sie nicht geduldig genug sind, werden Sie wahrscheinlich nicht länger als ein paar Wochen durchhalten, bevor Sie das Vorhaben, Ihre übersinnlichen Fähigkeiten zu verbessern, aufgeben.

Sie müssen verstehen, dass Menschen in unterschiedlich schnellem Tempo lernen. Manche lernen schneller als andere. Wenn Sie heute gemeinsam mit einem Freund mit dem Hellsehen beginnen, werden Sie nicht beide im gleichen Tempo weiter lernen. Es kann sein, dass Ihr Freund schneller gut darin ist, farbige Auren zu sehen, während Sie erst langsam anfangen, ein schwaches Licht zu sehen. Sollte dies der Fall sein, bedeutet das nicht, dass Sie nicht auch so weit wie Ihr Freund kommen können. Es bedeutet lediglich, dass Ihr Freund schneller lernt als Sie, und das ist in Ordnung. Sie müssen in Ihrem eigenen Tempo arbeiten, nicht in dem einer anderen Person. Es sollte also für Sie keine Rolle spielen, was jemand anderes bereits erreicht hat. Sie müssen sich nur auf Ihre Fortschritte konzentrieren, denn das ist alles, was zählt. Wenn Sie diese einfachen Hintergründe verstanden haben, können Sie mit Sicherheit sagen, dass Sie dazu bereit sind, Hellseher zu werden. Aber *was genau ist* ein Hellseher eigentlich?

Die einfachste Definition eines Hellsehers ist die eines Menschen mit außersinnlichen Wahrnehmungsfähigkeiten. Der Schlüsselpunkt ist dabei das Kriterium der „außersinnlichen Wahrnehmung". Derartige Arten von Wahrnehmung können Informationen erhalten, ohne dabei die anerkannten Sinneskanäle zu benutzen. Einfach ausgedrückt bedeutet das: Jemand mit außersinnlicher Wahrnehmung kann Informationen wahrnehmen, ohne seine normalen Sinne wie Sehen, Hören, Tasten, Riechen oder Schmecken zu benutzen. Wenn Sie eine außersinnliche Wahrnehmung haben, können Sie Dinge sehen, die Ihre normalen Augen nicht sehen können. Die außersinnliche Wahrnehmung ist die Grundlage für alle übersinnlichen Fähigkeiten, einschließlich des Hellsehens, der Telepathie, der Medialität usw. Als Hellseher können Sie über die Grenzen der materiellen Welt hinaussehen, hören, spüren, fühlen oder schmecken.

Im Laufe der menschlichen Geschichte gab es immer wieder dokumentierte und undokumentierte Berichte über „besondere" Menschen, die verschiedene Probleme in den unterschiedlichsten Bereichen des Lebens lösen konnten, die von Wirtschaftsproblemen bis hin zu Beziehungen reichten. Es gibt Beispiele und Belege für die Existenz von Menschen, die Hellseherei, Medialität, Präkognition und andere übersinnliche Fähigkeiten in verschiedenen Kulturen weltweit nutzen können.

Im antiken Indien waren die Weisen bekanntermaßen Meister in der Kunst der Hellseherei. Die Geschichte von Sanjay, einem Assistenten von Dhritrashtra, dem Vater des Kauravas, liefert uns ein Beispiel über einen altindischen Philosophen, der die Hellseherei nutzte. Während des Krieges zwischen den Pandavas und den Kauravas im Mahabharata berichtete Sanjay dem blinden Dhritrashtra von allem, was auf dem Schlachtfeld geschah. Und das, obwohl er Tausende von Kilometern vom Ort der Schlacht entfernt war. Alle glaubten, dass Sanjay die Gabe des hellseherischen Auges besaß. Mit anderen Worten, Sanjay war ein Hellseher.

Auch im Westen gibt es Geschichten über bekannte Hellseher wie Edgar Cayce, einen amerikanischen Hellseher, der für seine hellseherischen Fähigkeiten berühmt war. Cayce galt als Seher, Mystiker, Hellseher und psychischer Diagnostiker. Er war dazu in der Lage, Menschen von ihren Krankheiten zu heilen, indem er sich in einen tranceartigen Meditationszustand begab, um die Wurzeln ihrer Krankheit zu bestimmen und so ein Heilmittel zu finden.

Berühmt ist auch die Geschichte von Victor Race, der seinerzeit als „geistesschwach" galt. Race war ein Bauer, der seine Krankheiten selbst diagnostizieren und heilen konnte. Aber da hörten seine Kräfte nicht auf. Er half außerdem unzähligen anderen Menschen mit ihren Krankheiten, indem er sie in eine Trance versetzte, um anschließend nach Lösungen für Ihre Leiden zu suchen.

Des Weiteren gibt es viele andere Berichte über Menschen mit übersinnlichen Fähigkeiten auf der ganzen Welt. Viele dieser Menschen stammen aus unterschiedlichen Kulturen. Dennoch hatten sie alle die gleichen übersinnlichen Kräfte. Dies zeigt, dass es keine Ausnahmen dabei gibt, wer Hellseher werden kann. Jeder kann ein Hellseher werden, wenn er dazu bereit ist, sich selbst und seinen Fähigkeiten zu vertrauen.

Nehmen wir einmal an, Sie sind mit der wahren Bedeutung des Wortes „Hellseher" noch nicht vertraut. In diesem Fall denken Sie, wenn Sie das Wort hören vielleicht zunächst an eine Person in einem schwach beleuchteten Raum mit Kristallkugeln, merkwürdigen Apparaten, Nebelmaschinen und anderen Dingen, mit denen Ihnen übernatürliche Ereignisse oder Geschehnisse vorgeschwindelt werden sollen. Ich bezeichne solche vermeintlichen Fähigkeiten als nichts anderes als Illusionen.

Wahrscheinlich haben Sie von Kindheit an gelernt, dass Hellseher dubiose und betrügerische Menschen sind - im Grunde genommen Betrüger, die darauf abzielen, Sie auszubeuten. Selbst wenn Sie also in jungen Jahren ein übersinnliches Ereignis erlebt haben, haben Sie es wahrscheinlich aufgrund Ihrer negativen Wahrnehmung von Hellsehern bereits diskreditiert. Dank der modernen Medien vernachlässigen wir übersinnliche Erfahrungen, weil sie nicht so glamourös und dramatisch sind, wie sie in den uns bekannten Filmen und Fernsehsendungen dargestellt werden.

Was die meisten Menschen nicht wissen, ist die Tatsache, dass Medien und Hellseher unterschiedlich sind. Ich treffe oft Menschen, die denken, dass ein Medium und ein Hellseher dieselben Fähigkeiten haben. Manche Menschen benutzen die unterschiedlichen Bezeichnungen sogar wie Synonyme. Für jemanden, der mit beiden Begriffen wenig oder gar nichts anfangen kann, mögen beide Rollen ähnlich erscheinen, aber es gibt tatsächlich einen deutlichen Unterschied zwischen den beiden.

Im Gegensatz zu Hellsehern erhalten Medien Informationen durch sogenanntes „Channeling" oder eine vorübergehende Besessenheit. Mit anderen Worten, sie werden in der Regel von Wesen aus dem Jenseits besessen, die Informationen durch sie an die Lebenden weitergeben. Es gibt auch Hellseher, die als Medien fungieren können.

Diese Personen werden oft als übersinnliche Medien bezeichnet. Psychische Medien erhalten Informationen durch außersinnliche Wahrnehmung, aber der entscheidende Punkt ist, dass sie mit Wesen aus dem Jenseits kommunizieren können. Die Kommunikation findet oft mithilfe ihrer übersinnlichen Sinne statt. Das bedeutet, dass ein Medium auch ein Übersinnlicher sein kann, aber das ein jeder Übersinnlicher nicht unbedingt ein Medium ist. Als jemand, der mehr über übersinnlichen Praktiken lernen möchte, sollten Sie den Unterschied zwischen den beiden Begriffen am besten kennen und sie nicht falsch verwenden.

Es gibt in der Regel drei Möglichkeiten, für die Art und Weise, wie ein Medium einem Menschen helfen kann. Die erste liegt darin, Ihnen zu helfen, kürzlich verstorbene Geister zur Kommunikation zu ermutigen. Nehmen wir beispielsweise an, Sie haben einen verstorbenen Verwandten, mit dem Sie gerne kommunizieren würden, um wertvolle Informationen zu erhalten. Ein Medium kann Ihnen dabei helfen, die Informationen zu erhalten, indem es den Geist Ihres verstorbenen Verwandten in eine Trance versetzt und ihn auf diese Weise „channelt".

Die zweite Möglichkeit, wie ein Medium seine Fähigkeiten einsetzen kann, ist durch medizinische (physische) Hilfe für eine Person, deren Krankheit von der Wissenschaft im Allgemeinen als unheilbar angesehen wird. Dazu müsste ein Medium wohlwollende Geister „channeln", die bereit sind, der Peron zu helfen. Die Geister helfen beispielsweise dabei, die Ursache der Krankheit herauszufinden und das richtige Heilmittel zu finden, wie etwa die Heilung durch den Einsatz eines Heilkristalls.

Drittens können Medien ihre Kräfte nutzen, um Verbrechen aufzuklären, insbesondere solche, die anderen als unlösbar scheinen.

Jeder Hellseher, der die Fähigkeit besitzt, Trancezustände herbeizuführen und Geister zu „channeln", kann die gleichen Dinge tun wie ein Medium auch. Das bedeutet aber nicht, dass Hellseher und Medien ein und dasselbe sind.

Als Hellseher lernen Sie Ihre Fähigkeiten auf zwei verschiedene Arten kennen. Die erste ist die Notwendigkeit, dass Sie es sich auf natürliche Weise der Tatsache bewusstwerden, dass Sie mit übersinnlichen Kräften geboren wurden. Als Heranwachsender stellten Sie vielleicht fest, dass Sie oft Dinge wissen, die andere Menschen nicht zu wissen scheinen. Zum Beispiel haben Sie schon mal Dinge gesehen, von denen andere behaupten, sie könnten sie nicht sehen. Wenn das auf Sie zutrifft, bedeutet das, dass Sie eine stärkere Veranlagung für diese Kräfte haben als andere Menschen. Die zweite Art und Weise, auf die übersinnliche Kräfte zum Vorschein kommen, sind traumatische oder lebensbedrohliche Erlebnisse. Das heißt, wenn Sie bereits vorher Anzeichen für übersinnliche Fähigkeiten zeigten, kann ein beinahe tödlicher Unfall oder ein ähnliches Ereignis, das ein körperliches oder emotionales Trauma verursacht, Ihre übersinnlichen Sinne auslösen.

Die fortgeschrittene psychische Entwicklung ist mit konsequentem Training und regelmäßiger Übung leicht zu erreichen. Aber seien Sie sich bewusst, dass das Entfesseln Ihrer übersinnlichen Fähigkeiten Sie für die Nachwirkungen und Konsequenzen der übersinnlichen Praxis anfälliger macht. Das bedeutet, dass Sie dazu bereit sein müssen, alle Ängste und Zweifel zu überwinden, um ein Hellseher zu werden. Auf diese Weise wird es für Sie einfacher, mit den Folgen Ihrer Entscheidung umzugehen.

Der Ursprung des Wortes „psychisch" ist das griechische Wort „psyche", das so viel wie Geist, Seele oder Verstand bedeutet. Im weiteren Sinne bezieht sich die Bedeutung des Wortes auch auf Gedanken, Gefühle und Empfindungen. Vielleicht ist ein Hellseher so etwas ähnliches wie ein Psychologe. Der einzige Unterschied besteht darin, dass Hellseher das Studium des Geistes auf eine höhere spirituelle Ebene erheben. Anstatt sich nur auf den Verstand zu konzentrieren, wie es Psychologen tun, dehnen Hellseher ihr Studium auf die Seele oder den Geist aus. Obwohl Ihr Geist eine göttliche Entität ist, hat er großen

Einfluss auf Ihre Gefühle, Gedanken, Stimmungen usw.

Sie können die Gedanken, Gefühle oder Absichten von Menschen erkennen, indem Sie deren Auren lesen. Das Aura-Lesen ist auch ebenfalls Teil der psychischen Entwicklung.

Um noch besser zu verstehen, was einen Hellseher ausmacht, müssen Sie ein paar Dinge lernen. Das Wissen um diese Dinge wird Ihnen helfen, alle verbleibenden falschen Vorstellungen zu korrigieren, die Sie über Hellseher und über die übersinnliche Entwicklung haben könnten. Und was noch wichtiger ist: Sie werden dadurch Ihre Wahrnehmung und Ihre Einstellung zur außersinnlichen Wahrnehmung verändern.

Eine der wichtigsten Informationen, die Sie über Hellseher haben sollten, ist die, dass diese Ihnen die Zukunft nicht mit absoluter Präzision voraussagen können. Diese Ansicht ist das Gegenteil von dem, was die meisten Menschen glauben. Sie haben vielleicht bereits gehört oder gelesen, dass Hellseher die Zukunft genau vorhersagen können, aber das ist nicht ganz richtig. Wenn Sie Ihre hellseherischen Fähigkeiten trainieren und verfeinern, erhalten Sie vielleicht Einblicke in Ereignisse, die noch gar nicht eingetreten sind. Das heißt aber nicht unbedingt, dass Sie das Ereignis genauso vorhersagen können, wie es eintreten wird.

Die Zukunft ist dynamisch und wandelbar, so dass es unmöglich ist, sie mit absoluter Präzision vorherzusagen. Ein authentischer und fähiger Hellseher würde Ihnen niemals versprechen, dass er Ihre Zukunft genau so sehen kann, wie sie eintreten wird. Stattdessen hilft er Ihnen dabei zu verstehen, dass die Zukunft unbestimmt ist. Sie erschaffen Ihre Zukunft, wenn Sie individuelle Entscheidungen treffen und durch diese im Leben vorankommen. Die psychische Entwicklung hilft Ihnen lediglich dabei, Entscheidungen zu treffen, die Ihnen beim Erreichen eines Ziels helfen können.

Hellseher sind extrem sensibel, was dazu führt, dass Sie Energie und andere Dinge wahrnehmen, die Sie selbst nicht sehen können, weil Ihr psychischer Pfad gesperrt ist. Ich möchte an dieser Stelle noch einmal betonen, dass wir alle bis zu einem gewissen Grad intuitiv und sensibel veranlagt sind. Jeder Mensch wird mit einer intakten Intuition und übersinnlichen Sinnen geboren. Der Unterschied zwischen einem Übersinnlichen und einem Nicht-Übersinnlichen besteht lediglich darin, dass der Nicht-Übersinnliche seine übersinnlichen Sinne erst noch erwecken muss. Wenn Sie sich noch nie mit übersinnlichen Aktivitäten beschäftigt haben, können Sie mit Sicherheit sagen, dass Sie ein Nicht-Übersinnlicher sind. Die Hellseher, die Sie kennen oder von denen Sie hören, sind nicht einzigartig oder grundsätzlich anders als Sie selbst. Nehmen wir einmal an, Sie entscheiden sich dafür, Ihre übersinnlichen Fähigkeiten zu verbessern und zu verfeinern. Diese Entscheidung ist alles, was Sie brauchen, um sich schließlich als authentischer Hellseher zu bezeichnen.

Abschließend möchte ich anmerken, dass wir Menschen zwar alle unterschiedliche Fähigkeiten haben, aber dass die Hellseher auf der ganzen Welt gleich sind. Der Unterschied in den Fähigkeiten der Einzelnen ergibt sich aus dem aktivsten übersinnlichen Sinn (den aktivsten Sinnen) in jedem von uns. Wenn Ihr übersinnlicher Sinn zum Beispiel die Hellfühligkeit ist, werden Sie höchstwahrscheinlich gut dazu in der Lage sein, als Medium zu arbeiten. Andererseits wird eine Person, deren primärer übersinnlicher Sinn die Hellsichtigkeit ist, mit größerer Wahrscheinlichkeit auch als Energieleser erfolgreich sein. Vergessen Sie nie, dass jeder Mensch unterschiedliche Ansichten, Erfahrungen und Voraussetzungen hat. Diese Faktoren beeinflussen natürlich auch, wie sie Lesungen durch übersinnliche Kanäle richtig interpretieren.

Der erste Schritt, um die Macht Ihrer übersinnlichen Sinne zu verstehen, besteht darin, sich von diesen irreführenden Ansichten über Hellseher zu trennen. Sie müssen den Begriff „Hellseher" in Ihrem Geist von Täuschung oder Betrug abgrenzen. Natürlich verleugne ich nicht, dass es Scharlatane gibt, die ihre Fähigkeiten lächerlich übertreiben oder sie letztlich sogar ganz erfinden. Solche Leute verlassen sich oft auf Tricks, um die Hellseherei zu betreiben. Sie sind sicherlich keine echten Hellseher. Aber es ist viel besser, sie als Betrüger anzusehen, die die Leichtgläubigkeit und Verwundbarkeit anderer ausnutzen. Wenn Sie das verstanden haben, werden Sie offener für das Verständnis dessen, was ein echter Hellseher ist.

Ein echter Hellseher ist ein Mensch mit der Fähigkeit, Dinge über die physische Welt hinaus wahrzunehmen. Solche Menschen können ihre außersinnlichen Fähigkeiten nutzen, um Informationen zu erhalten, die sie mit ihren normalen Sinnen gar nicht wahrnehmen können. Es ist schwierig genau zu definieren, was mit dem Begriff „normale" Sinne gemeint ist. Wir sind alle darauf konditioniert worden zu glauben, dass die Wahrnehmung auf das Physische beschränkt ist. Daher haben wir eine recht konkrete Vorstellung von der Realität.

Aufgrund dieser Konditionierung nehmen Sie vielleicht an, dass der Himmel für jeden gleich blau aussieht oder dass jeder Mensch Stimmungsschwankungen wahrnehmen kann. Aber wenn Sie Ihr Wissen über das sensorische Spektrum erweitern, werden Sie feststellen, dass nicht jeder von der Existenz anderer Sinne weiß, die über die uns allen bekannten hinausgehen. Durch dieses neu gefundene Wissen werden Sie sich Ihrer angeborenen übersinnlichen Fähigkeiten bewusst.

Die werden zu der grundlegenden Erkenntnis über übersinnliche Fähigkeiten kommen, dass diese auf einem Spektrum existieren. Man kann zwar einfach sagen, dass ein Mensch „übersinnlich" ist, aber wenn man anschließend fragt, *was* seine übersinnlichen Fähigkeiten *sind*, hätten sie wahrscheinlich keine Ahnung, wie Sie die Frage beantworten sollen. „Übersinnlich" ist ein ziemlich unspezifischer Sammelbegriff für eine Reihe von Fähigkeiten und Fertigkeiten, die alle mit dem inhärenten Vermögen, sensorische Daten auf einer zutiefst spirituellen Ebene zu erhalten, zu tun haben. Übersinnliche Fähigkeiten sind in ihrer Intensität und Anwendung variabel, weshalb es am besten ist, wenn Sie sie auf einem Spektrum betrachten. So wie Psychologen Eigenschaften wie Narzissmus mithilfe eines Spektrums beschreiben, das auf dem Grad der Intensität beruht, sollten Sie sich auch übersinnliche Fähigkeiten auf einem Spektrum vorstellen. Um Ihnen diese Vorstellung noch näher zu bringen, lassen Sie uns über ein Beispiel, bei dem es um drei Freundinnen geht, nachdenken.

Die drei Freundinnen hatten vereinbart, an einem Samstag gemeinsam mit ihren Hunden im Park spazieren zu gehen. Am Veranstaltungstag kommt die erste Freundin im Park an. Sie sucht sich einen Platz zum Sitzen und ihr Hund bleibt dabei in der Nähe. Sie bemerkt kaum, dass es im Park von Menschen und Hunden nur so wimmelt. Nach einer Weile kommt auch die zweite Freundin mit ihrem Hund an. Sie geht auf ihre Freundin zu und bemerkt, dass diese in ein Spiel vertieft ist, das sie auf ihrem Handy spielt. Behutsam ruft sie ihrer Freundin einen freundlichen Gruß zu. Beide tauschen Höflichkeiten aus, und sie setzt sich neben ihre Freundin und hält die Leine Ihres Hundes in der Hand.

Bald trifft die dritte Freundin ein und ist sofort von dem wimmelnden Trubel im Park überwältigt. Die verschiedenen Geräusche, Bewegungen, Gerüche, Lichter usw. kommen alle gleichzeitig auf sie zu. Sie bemerkt sofort die komplizierte Beziehung zwischen einem Paar, das in der Nähe mit seinem Hund spazieren geht. Schnell geht sie zu ihren Freunden, um beiden die Beobachtungen mitzuteilen. Die erste Freundin antwortet, dass sie kaum bemerkt hatte, wie viele andere Menschen im Park waren.

Aus dem obigen Beispiel geht hervor, dass die erste und die zweite Freundin beide eine relativ normale Bandbreite an Sensibilität aufwiesen. Im Gegensatz dazu zeigt die dritte Freundin ein höheres Maß an Sensibilität. Das bedeutet, dass die dritte Freundin wahrscheinlich über stärkere übersinnliche Fähigkeiten verfügt. Sie ist wahrscheinlich eiine Empathin oder einfach ein hochsensibler Mensch. Beziehen Sie dieses Beispiel nun auf Ihre eigenen täglichen Erfahrungen. In welchem Maße nehmen Sie täglich Reize auf? Welche Reize wirken auf Sie am stärksten? Wie wirken sich die Reize auf Ihre körperliche, emotionale und geistige Verfassung aus? Durch die diese Fragen öffnen Sie sich einem besseren Verständnis Ihrer psychischen Gaben auf dem spirituellen Spektrum. Dies ist die Voraussetzung dafür, dass Sie Ihre angeborenen übersinnlichen Sinne anzuzapfen vermögen.

Im nächsten Kapitel werde ich mich mehr darauf konzentrieren, wie Sie Ihre angeborenen übersinnlichen Kräfte richtig einsetzen können. Denken Sie daran, dass die Kraft bereits in Ihnen, Sie müssen nur herausfinden, wie Sie Ihre übersinnlichen Sinne erwecken können. Es gibt so viele Faktoren, die beim selbstinduzierten übersinnlichen Erwachen eine Rolle spielen. Lassen Sie uns im Folgenden herausfinden, welche das sind.

Kapitel Zwei: Wie Sie Ihre angeborenen übersinnlichen Fähigkeiten richtig nutzen

Im Laufe der Jahre haben Sie möglicherweise den Zugang zu Ihren angeborenen übersinnlichen Fähigkeiten verloren. Aber man verliert seine Gaben nie wirklich. Unabhängig davon, was in Ihrem Leben geschieht, schlummern Ihre übersinnlichen Sinne noch immer in Ihnen. Um sie zu erwecken, müssen Sie in Ihr Inneres schauen und sie finden. Die Herausforderung besteht darin, dass Sie Ihre übersinnlichen Fähigkeiten finden müssen, bevor Sie sie nutzen können.

Der erste Schritt besteht darin, dass Sie Ihren dominanten übersinnlichen Sinn identifizieren. Verschiedene Menschen haben unterschiedliche übersinnliche Sinne. Obwohl die Hellsichtigkeit die bekannteste übersinnliche Fähigkeit oder vielmehr der bekannteste übersinnliche Sinn ist, gibt es noch eine ganze Reihe anderer übersinnlicher Fähigkeiten, die in Frage kommen. Dieses Wissen ist entscheidend für Ihre übersinnliche Entwicklungsreise. Beginnen Sie den Prozess des übersinnlichen Erwachens, ohne dabei Ihren vorherrschenden übersinnlichen Sinn zu entdecken. Sie werden sich dabei ertappen, wie Sie es immer wieder versuchen, ohne ein greifbares Ergebnis zu erzielen.

Es gibt für jeden übersinnlichen Sinn spezifische Übungen, die darauf ausgerichtet sind, Ihnen das Erwachen zu erleichtern und zu beschleunigen. Wenn Sie zum Beispiel hellsehen können, sind die beste Möglichkeit, um Ihren hellseherischen Sinn zu erwecken. Aber was passiert, wenn Sie nicht hellsichtig sind? Wenn Sie weiterhin Hellsichtigkeitsübungen machen, könnten Ihre Bemühungen vergeblich sein. Deswegen müssen Sie als erster Ihren hellseherischen Sinn identifizieren. Ihr hellseherischer Sinn steht in direktem Zusammenhang mit den hellseherischen Fähigkeiten, die in Ihnen schlummern.

Nehmen wir einmal an, Sie waren schon einmal bei einem professionellen Hellseher. Dort fragen Sie sich vielleicht, wie die Hellseher während einer Sitzung Informationen über Sie sammeln können. Nun, der Schlüssel dazu ist ihre Fähigkeit, ihre übersinnlichen Sinne anzuzapfen, um mit der Geisterwelt zu kommunizieren. Diese übersinnlichen Sinne werden als die „Ansprüche" der Intuition bezeichnet. Wenn Sie dieses Bauchgefühl über etwas haben, das Sie vorher nicht wussten, ist gerade einer Ihrer übersinnlichen Sinne am Werk.

Ein weit verbreiteter Irrglaube über die übersinnlichen Sinne ist der, dass man nicht mehr als eine Fähigkeit auf einmal haben kann. Das ist nicht wahr. Es kann beispielsweise sein, dass Sie mehr zu einem bestimmten hellseherischen Sinn neigen, aber dennoch auch alle anderen Sinne besitzen. Das bedeutet, dass Sie, auch wenn die Hellseherei Ihr wichtigster übersinnlicher Sinn ist, immer noch Zugang zu allen anderen hellseherischen Sinnen haben können.

Letztendlich gibt es sechs Hellsinne, aber nur vier davon sind bei den meisten Menschen vorhanden. Ich werde an dieser Stelle also nur über diese vier sprechen.

Der erste übersinnliche Sinn ist die Hellsichtigkeit, von der Sie bereits gehört haben. Obwohl viele Menschen das Wort „hellsichtig" als Synonym für „übersinnlich" verwenden, ist es einer der vier Hellsinne, die einem Hellseher zur Verfügung stehen. Der Begriff bedeutet so viel wie „klares Sehen" (Clairvoyance im Englischen). Hellsichtige Menschen empfangen übersinnliche Botschaften in der Regel in Form von Bildern. Man kann also sagen, dass Bilder wahrnehmen, die jenseits unserer Welt entstanden sind.

Als Hellseherin erscheinen mir übersinnliche Botschaften oft in Form einer Szene, die wie ein Film vor meinen Augen abläuft. Manchmal empfange ich auch nur einzelne Bilder. Ob es nun Bilder oder Szenen sind, das Besondere ist, dass die darin enthaltenen

Botschaften stets metaphorisch sind. Nehmen wir zum Beispiel an, ich helfe einem Klienten, der sich emotional überwältigt fühlt. Durch die Lesung sehe ich vielleicht, dass er eine schwere Last auf dem Rücken trägt. Die Botschaften sind nicht immer eindeutig. Es liegt also an Ihnen, das, was Ihnen erscheint, genau zu analysieren, um die wörtliche Bedeutung der Botschaft herauszufinden.

Als Hellsichtiger werden die Bilder, die Sie erhalten, wenn Sie eine Deutung für Ihre Kunden vornehmen, für Sie immer unterschiedlich sein, stets abhängig von der Situation des jeweiligen Kunden und von anderen Faktoren, wie z.B. dessen persönlichem Hintergrund und physischen und emotionalen Zustand.

Um Ihren hellseherischen Sinn anzuzapfen, müssen Sie in erster Linie immer auf Bilder achten, die zufällig und wie aus dem Nichts in Ihrem Kopf auftauchen. Die Chancen, dass diese Bilder übersinnliche Botschaften sind, die Sie analysieren müssen, stehen in den meisten Fällen gut.

Die Hellhörigkeit ist der zweite Hellsinn. Es handelt sich dabei um die übersinnliche Fähigkeit, Stimmen zu hören, ohne dazu Ihre physischen Ohren zu benutzen. Wenn Sie hellhörig sind, können Sie übersinnliche Botschaften hören, ganz als ob jemand sie laut in Ihrem Kopf aussprechen würde. Oft hört sich die Stimme für Sie wie Ihre eigene an, aber Sie können klarerkennen, dass es nicht wirklich Ihre Stimme ist. Die Stimme wird niemals harsch, grausam oder quälend sein. Hellhörige Botschaften kommen mit einer gleichmäßigen und ruhigen Stimme bei Ihnen an.

Normalerweise sind hellhörige Botschaften direkt und unkompliziert. Sie müssen nichts analysieren. Nehmen wir also an, Sie wollen eine wichtige Entscheidung treffen und nutzen Ihre hellseherischen Fähigkeiten, um herauszufinden, ob Sie diese Entscheidung treffen sollen oder nicht. Eine hellhörige Botschaft sagt Ihnen vielleicht: „Warten Sie, bis der Sommer vorbei ist." Hellhörigkeit bedeutet, dass Sie hauptsächlich kurze und knappe Botschaften erhalten.

Die Nachricht kann zum Beispiel eine einzelne Zahl oder ein Wort sein. Wenn dies der Fall ist, brauchen Sie natürlich eine genaue Analyse, um der Botschaft einen Sinn zu geben. Wenn Sie ein einzelnes Wort erhalten, müssen Sie es vielleicht mit etwas in Ihrem Leben in Verbindung bringen, um die eigentliche Botschaft oder Bedeutung der Nachricht zu verstehen. Nehmen wir zum Beispiel an, Sie haben eine

Sitzung mit einer anderen Person und Sie hören die Nummer „15". Das kann verschiedene Dinge bedeuten.

Eine typische Bedeutung könnte darin bestehen, dass dem Klienten im Alter von 15 Jahren etwas Traumatisches widerfahren ist, das noch immer Blockaden verursacht und den Fortschritt in dessen Leben behindert hat. Um die wahre Bedeutung der Zahl zu erfahren, müssen Sie mit Ihrem Gegenüber zusammenarbeiten. Hellhörige Botschaften sind manchmal poetisch. Sie können also mit der dominanten hellsinnigen Fähigkeit des Hellhörens viel Spaß haben.

Die einfachste Möglichkeit, um Ihren Hellhörigkeitssinn anzuzapfen, besteht darin, auf Stimmen zu achten, die in Ihrem Kopf auftauchen. Sie müssen auch mit Ihrer Intuition im Einklang sein, um Ihr hellhöriges Potenzial freizusetzen. Hellhörigkeit ist manchmal die dominierende psychische Fähigkeit von Medien.

Der dritte Hellsinn ist die Hellfühligkeit, der englische Begriff „Clairfeeling" bedeutet so viel wie „klares Gefühl". Es handelt sich dabei um die vorherrschende psychische Fähigkeit von Empathen und hochsensiblen Menschen. Als Hellsichtiger empfangen Sie übersinnliche Botschaften in Form von Gefühlen. Wenn Sie eine bestimmte Emotion erkennen können, die eine Person empfindet, sind Sie möglicherweise ein hellfühliger Hellseher. Mit Hellfühligkeit können Sie die Emotionen anderer Menschen lesen, haben oft Bauchgefühle oder nehmen Informationen über die Energie, die sich durch Ihre Umgebung bewegt, wahr.

Wenn ich einen Kunden mit Hellfühligkeit lese, bekomme ich immer ein Gefühl für seine Energie. Ich erkenne, ob sie ernsthaft, übermütig, traurig oder fürsorglich sind. Wenn ich nach einem Treffen mit einem Kunden ein kurzes Frösteln verspüre, weiß ich, dass er wegen etwas Wichtigem zu mir gekommen ist. Wenn ein Kunde körperlich krank ist und es noch nicht einmal weiß, kann ich das durch seine Energie wahrnehmen. In anderen Fällen spüre ich die körperlichen Symptome, sobald ich mit dem Klienten in Kontakt komme.

Wenn die Hellfühligkeit Ihre dominante hellseherische Fähigkeit ist, sind auch Sie zu all diesen Dingen in der Lage. Der Sinn des Klargefühls bedeutet, dass Sie die Emotionen und Energien der Menschen, denen Sie begegnen, genauso wahrnehmen können, wie diese sie erleben.

Eine Taktik, die ich regelmäßig angewandt habe, um meine Hellfühligkeit zu stärken, war die, meine Erfahrungen in ein Tagebuch zu schreiben, wann immer ich ein starkes Gefühl bekomme, das ich nicht abschütteln kann. Wenn Sie das tun, werden Sie davon überrascht sein, wie viele Botschaften Sie intuitiv auffangen und festhalten können. Die meisten Menschen erhalten hellfühlende Botschaften, ohne sich dessen bewusst zu sein. Das Führen eines Tagebuchs über Ihre intuitiven Gefühle bietet Ihnen eine sichere Möglichkeit, um Ihre hellseherischen Fähigkeiten zu nutzen. Je mehr Sie die Botschaften erkennen, desto besser werden Sie in der Lage sein, sie aufzuspüren.

Der vierte und letzte Hellsinn, den Sie kennen sollten, ist das Hellwissen. Der englische Begriff für diese Fähigkeit bedeutet so viel wie „klares Wissen". Es handelt sich um die hellseherische Fähigkeit, ohne vorherige Informationen etwas über eine Situation, ein Ereignis, eine Person oder ein Objekt zu wissen. Wenn ein Kunde zu einer Lesung kommt, weiß ich bestimmte Dinge über ihn, bevor ich mit der Sitzung beginne. Das liegt an meiner hellwissenden Fähigkeit.

Als hellwissender Hellseher wissen Sie Dinge, ohne zu verstehen, woher Sie sie überhaupt wissen. Sie können zum Beispiel eine Person treffen und in der Lage sein, genau zu sagen, was für ein Mensch sie ist, noch bevor Sie ihr vorgestellt werden. Hellwissen ist wie ein Download von Informationen auf die Festplatte Ihres Gehirns. Dies geschieht innerhalb von Sekunden, so dass Sie das Gefühl haben, die Informationen seien schon die ganze Zeit in Ihrem Kopf gewesen.

Um diesen Sinn anzuzapfen, gehen Sie einfach in sich hinein, wann immer Sie Antworten auf etwas brauchen. Fragen Sie Ihre Intuition nach der Lösung oder nach einer Antwort auf jedes Problem, das Sie lösen wollen. Wenn Ihre vorherrschende hellseherische Fähigkeit das Hellwissen ist, werden Sie die Antwort auf Ihre Frage irgendwo in Ihrem Inneren finden. Ihre Intuition ist dazu da, um Ihnen zuzuhören und um Ihnen Antworten zu geben, wann immer Sie sie brauchen.

Diese sind die vier Hellsinne, mit denen Sie vertraut sein sollten. Das Wissen um Ihre Hellsinne ist ein entscheidender Schritt zur Erweckung Ihrer übersinnlichen Fähigkeiten. Noch wichtiger ist es, dass Sie Dinge tun, die Ihnen helfen, das übersinnliche Erwachen, nach dem Sie suchen, zu erreichen.

Es gibt verschiedene Übungen, die Sie durchführen können, während Sie Ihre angeborenen übersinnlichen Fähigkeiten weiterentwickeln. Diese Übungen können in Kombination miteinander oder einzeln praktiziert werden. Das hängt ganz von Ihnen und Ihrem Zeitplan ab.

Das Gute daran ist, dass Sie nicht alle Verfahrensweisen jeden Tag üben müssen. Schon eine Übung pro Tag kann Ihnen dabei helfen, Ihre schlummernden übersinnlichen Fähigkeiten zu wecken. Am besten beginnen Sie mit der Methode, die Ihnen am leichtesten fällt. Je mehr Sie üben, desto besser werden Sie in allen Übungen, selbst in den scheinbar schwierigen. In nur wenigen Monaten werden Sie vielleicht erstaunt darüber sein, was Sie auf Ihrer Reise schon alles erreicht haben.

Meditation

Die Meditation ist der Schlüssel zur Verbindung mit den tiefsten Ebenen Ihrer Seele. Ohne Meditation können Sie Ihre übersinnlichen Fähigkeiten nicht freisetzen, denn es gibt keine andere Möglichkeit, sich mit diesem Teil von Ihnen zu verbinden. Sie ermöglicht es Ihnen, Ihre Schwingung auf die gleiche Wellenlänge zu bringen wie die spirituellen Wesen aus dem Jenseits, die Ihnen übersinnlichen Botschaften übermitteln werden.

Das Anheben Ihrer inneren Schwingungen ist ein entscheidender Bestandteil des übersinnlichen Erwachens. Solange Sie keine hohe Schwingungsenergie erreichen, wird das übersinnliche Erwachen für Sie praktisch unmöglich sein. Spiritualität arbeitet mit einer sehr hohen Frequenz, und das müssen Sie auch tun, wenn Sie sich mit ihr verbinden wollen.

Die tägliche Meditation versetzt Sie in einen entspannten, ruhigen und bewussten Geisteszustand, der es Ihnen leichter macht, Ihre energetische Schwingung zu erhöhen. Je mehr Sie meditieren, desto mehr werden Sie sich mit der Spiritualität, der universellen Energie und Ihrem höheren Selbst verbunden fühlen. Glücklicherweise nimmt die Meditation nur wenig Zeit in Anspruch. Alles, was Sie brauchen, sind 10 bis 15 Minuten täglich für Ihre Meditationsübungen, die dabei helfen, Ihre Schwingung auf einer hohen Frequenz zu erhalten.

Natürlich können Sie jederzeit meditieren, aber es hilft immer, dazu einen besonders guten Zeitpunkt zu finden. Die Zeit, die Sie wählen, sollte die sein, zu der Sie sich am wachsten und geistig klarsten fühlen. Noch wichtiger ist es, dass Sie sich einen Zeitraum ohne Ablenkungen und Unterbrechungen zum Üben aussuchen.

Sie können beispielsweise früh am Morgen meditieren, wenn Sie frisch aus dem Bett kommen und sich sicher sind, dass Sie nicht wieder einschlafen werden. Sie können auch direkt vor dem Schlafengehen meditieren, wenn Sie mit all dem Stress des Alltags fertig sind. Wenn es für Sie gut passt, ist auch die Mittagszeit ein hervorragender Zeitpunkt zum Meditieren. Wichtig ist nur, dass die Zeit, die Sie sich für die Meditation nehmen, für Sie selbst die richtige ist.

Wenn Sie die Meditation zum ersten Mal ausprobieren, denken Sie vielleicht, dass Sie genau 10 bis 15 Minuten üben müssen. Aber wie lange Sie meditieren, sollte von der Zeit abhängen, die für Sie richtig ist. Es gibt keine bestimmte ideale Zeitspanne für die Meditation. Alles hängt von der jeweiligen Person ab, mit anderen Worten: von Ihnen. Selbst wenn Sie nur fünf Minuten pro Tag schaffen, ist das in Ordnung. Es steht Ihnen frei, die Dauer Ihrer Meditation allmählich zu verlängern, je mehr Sie üben und je besser Sie werden.

Ich mag Meditation, weil sie so entspannend und beruhigend ist, dass ich mich dabei manchmal selbst vergesse. Das hilft mir auch, mehr Zeit mit dem Meditieren zu verbringen, und Ihnen wird es wahrscheinlich ähnlich ergehen. Das Wichtigste ist, dass Sie einen Zeitrahmen wählen, der kein Unbehagen bei Ihnen hervorruft. Beginnen Sie langsam und steigern Sie sich zunehmend mehr.

Ein geeigneter Ort ist für die erfolgreiche Meditation unerlässlich. Der Ort, an dem Sie meditieren, sollte ein Ort sein, an dem Sie sich wohlfühlen, aber nicht zu schläfrig werden. Es sollte auch ein Ort sein, an dem die Wahrscheinlichkeit, dass Sie abgelenkt, gestört oder unterbrochen werden, sehr gering ist. Ihre Meditation sollte ruhig und friedlich sein, damit es Ihnen leichter fällt, Ihren Geist zu fokussieren. Während Sie meditieren, können Sie auf einem Stuhl oder auf dem Boden sitzen. Wichtig ist nur, dass Sie es sich bequem machen.

Das bequeme Sitzen ist wichtig, aber machen Sie es sich nicht zu bequem. Sitzen Sie in einer aufrechten Position, so dass Sie nicht gebeugt sind. Ein gebeugter Rücken macht es schwieriger sicherzustellen, dass Sie sich ausreichend konzentrieren und das Einschlafen vermeiden. Am besten sitzen Sie beim Meditieren, wenn Sie Ihre Wirbelsäule gerade und Ihre Schultern entspannt lassen. Dabei sollte sich auch Ihr Rücken nicht steif anfühlen.

Sobald Sie die richtige Sitzposition eingenommen haben, müssen Sie sich als Nächstes auf Ihre Atmung konzentrieren. Atmen Sie einfach ein und aus. Geben Sie jeden Versuch, Ihren Atem zu regulieren, auf. Konzentrieren Sie sich einfach auf Ihre Atmung. Während der Meditation gibt es kein richtiges oder falsches Atemmuster. Wenn Sie auf sich selbst achten, werden Sie vielleicht feststellen, dass Sie anfangs schnell atmen, dass Ihre Atmung aber langsam und entspannt wird, wenn Sie sich auf Ihren Geist konzentrieren.

Der Schlüssel zur Meditation ist die Achtsamkeit für Ihre Atmung. Sie lenken dazu Ihre Aufmerksamkeit von allem anderen ab und konzentrieren sich gezielt auf Ihren Atem. Achten Sie darauf, wie Sie ein- und ausatmen. Konzentrieren Sie sich auf das Gefühl Ihres Atems beim Einatmen und Ausatmen.

Natürlich wird Ihr Geist von Ihrer Atmung abschweifen. Das ist ganz normal und Sie brauchen sich nicht zu ärgern, wenn Ihnen dies während der Meditation passiert. Viele Gedanken werden wie zufällig in Ihrem Kopf auftauchen. Versuchen Sie nicht, diese zu unterdrücken oder zu meiden. Erkennen Sie die Gedanken an, wenn sie in Ihren Geist wandern. Jeder Versuch, sich selbst vom Denken abzuhalten, führt nur zu noch mehr Denken.

Was Sie stattdessen tun können, ist, jeden Gedanken, jedes Gefühl und jede Empfindung wahrzunehmen, die während der meditativen Praxis auftauchen. Danach konzentrieren Sie sich aber wieder auf Ihren Atem. Tun Sie dies jedes Mal, wenn Sie bemerken, dass Ihre Gedanken abschweifen.

Das Wichtigste bei der Meditation ist die Konzentration. Wenn Sie sich nicht konzentrieren, können Sie nicht den Zustand der Ruhe und Entspannung herbeiführen, den Sie suchen. Neben der Atmung können Sie Ihren Geist auch gezielt fokussieren, indem Sie Mantras rezitieren. Viele Hellseher praktizieren die Mantra-Meditation. Ein beliebtes Mantra, das Sie beim Meditieren verwenden können, ist beispielsweise:

„Einatmen, ich weiß, dass ich einatme.

Ausatmen, ich weiß, dass ich ausatme."

Dieses Mantra stammt von Thich Nhat, einem berühmten buddhistischen Mönch und spirituellen Anführer.

Die Meditation muss nicht schwierig sein, solange Sie dabei alles befolgen, was wir gerade besprochen haben. Schließlich sollten Sie beim Üben auch Spaß haben. Seien Sie nicht zu hart zu sich selbst. Verurteilen Sie sich nicht, wenn Sie abgelenkt werden. Konzentrieren Sie sich einfach wieder und atmen Sie weiter.

Geistführer

Ihre Geistführer sind ein Teil Ihres göttlichen spirituellen Teams. Sie sind Seelen, die sich dazu bereit erklärt haben, Sie bei Ihrem spirituellen und persönlichen Wachstum zu unterstützen. Sie haben bereits mehrere Leben gelebt und verfügen daher über mehr Erfahrung, als Sie sich vorstellen können. Sie helfen Ihnen dabei, Dinge wahrzunehmen und zu beachten, die Sie normalerweise nicht hätten wahrnehmen können. Sie bringen wertvolle Dinge und Menschen in Ihr Leben. Vor allem helfen sie Ihnen aber dabei, ein glückliches Leben zu führen. Sie können Ihnen bei fast allem helfen.

Geistführer sind dazu da, Ihnen auf Ihrer übersinnlichen und spirituellen Entwicklungsreise zu helfen. Die Kommunikation mit ihnen bietet Ihnen eine Möglichkeit zu lernen, wie Sie Ihre übersinnlichen Fähigkeiten richtig nutzen können. Zu den Geistführern gehören spirituelle Lehrer, Meister, Engel und andere spirituelle Wesen. Diese können Ihnen bei allem helfen, bei dem Sie sie um Unterstützung bitten. Um Ihren Geistführer zu treffen, müssen Sie ihn durch Meditation „channeln". Während der Meditation können Sie Ihre Geistführer bitten, sich Ihnen zu offenbaren. Dann können Sie sie nach Ihrem Wissen befragen und Informationen von ihnen erhalten. Wenn sie erscheinen, dürfen Sie Ihre Gedanken, Gefühle und Fragen nicht filtern. Lassen Sie sich einfach treiben.

Bevor Sie mit Ihrer Meditation beginnen, müssen Sie die gezielte Absicht haben, Ihrem Geistführer zu begegnen. Es ist möglich, dass Ihnen Ihr Geistführer nicht gleich beim ersten Versuch erscheint. Geben Sie nicht auf. Sie brauchen einfach nur noch mehr Übung. Noch wichtiger ist, dass Sie das nötige Vertrauen zu Ihrem Geistführer aufbauen.

Die Visualisierungsaufgabe wird Ihnen helfen, Ihren Geistführer zu treffen. Hierbei handelt es sich um eine sehr effektive Methode, um Ihre übersinnlichen Portale zu öffnen und Ihre Fähigkeiten anzuzapfen. Die Kombination von Meditation und Visualisierung ist ein nützliches Hilfsmittel für die übersinnliche Entwicklung. Nutzen Sie Ihre Vorstellungskraft, um sich vorzustellen, wie Ihre Geistführer aussehen.

Wie sehen Ihre spirituellen Gefährten aus? Wie sind sie gekleidet? Wie lauten ihre Namen? Wie sind ihre Persönlichkeiten?

Beantworten Sie all diese Fragen und schreiben Sie sie in einem Tagebuch auf. Wann immer Sie bereit sind, Ihren Geistführern zu begegnen, verwenden Sie diese Antworten, um Sie sich im Geiste wieder zu visualisieren. Ihre Geistführer werden Ihnen genauso erscheinen, wie Sie sie sich das erste Mal vorgestellt haben. Lassen Sie Ihrer Phantasie freien Lauf, damit Sie eine stärkere Verbindung zu Ihrem spirituellen Team aufbauen können.

Für die Kommunikation mit Ihren Geistführern benötigen Sie einen heiligen Ort, an dem Sie die Verbindung herstellen können. Wenn Sie zum ersten Mal versuchen, sich mit Ihrem Geistführer zu verbinden, wählen Sie einen Ort, an dem Sie bequem mit ihm kommunizieren können. Sie können sich mit den Geistführern verbinden, wo immer Sie wollen, aber die Wahl eines bestimmten Ortes, an dem Sie sich regelmäßig bequem ungestört aufhalten können, kann Ihnen helfen. Ich empfehle Ihnen, Ihren Meditationsplatz aufzusuchen, denn Sie müssen Ihre Schwingungen erhöhen, bevor sie sich mit den Geistführern verbinden können.

Geistführer sind unsichtbar, aber wie ich schon sagte, kann die Visualisierung der Geistführer die Kommunikation für Sie erleichtern. Vielleicht fällt es Ihnen bei Ihren ersten Versuchen schwer, den spirituellen Wesen zu vertrauen, vor allem, weil Sie noch Anfänger sind. Aber Sie sollten wissen, dass Sie sie um Zeichen und Antworten bitten können. Das Bitten um Zeichen ist ein Weg, um mehr Vertrauen zwischen beiden Parteien aufzubauen. Wenn Sie schlafen, werden Sie offener für die geistige Welt. Das bedeutet, dass es für Sie leichter wird, Ihre Geistführer zu sehen, wenn Sie sich in der Traumwelt befinden. Versuchen Sie, bevor Sie zu Bett gehen, Ihre Geistführer zu bitten, sich mit Ihnen zu verbinden. Tun Sie dies in dem festen Glauben, dass Ihre Bitte erhört werden wird. Dann können Sie Ihre Gefährten in allen Dingen, in denen Sie sich verloren fühlen, um Rat fragen.

Das Wichtigste ist, dass Sie Ihren Geist und Ihr Herz für Ihre Geistführer öffnen. Halten Sie Ausschau nach Zeichen und machen Sie sich klar, dass es durch die Hilfe Ihrer Geistführer unendlich viele Möglichkeiten gibt.

Psychometrie

Die Psychometrie ist die Praxis des Lesens der Energie eines Objekts durch Berührung. Sie ist eine der effektivsten und unterhaltsamsten

Methoden, um Ihre übersinnlichen Fähigkeiten zu verbessern. Sie werden zweifellos eine Menge Spaß bei den Übungen zur Psychometrie haben. Ich rate Anfängern in der psychischen Entwicklung immer, die Psychometrie zu einem wichtigen Teil ihrer täglichen Übungen zu machen. Das Gefühl, dass Sie einen physischen Gegenstand in der Hand halten können, um seine Energie zu lesen, stärkt das Selbstvertrauen und vermittelt Ihnen ein Gefühl der Sicherheit. Es kann Ihnen dabei helfen, alle Ihre übersinnlichen Sinne zu entwickeln, vom Hellsehen bis hin zur Hellfühligkeit. Das Praktizieren der Psychometrie ist besonders hilfreich, wenn Sie vorhaben, später ein Medium zu werden.

Mit der Psychometrie können Sie die Energie eines Gegenstandes lesen, um Informationen über ihn zu erhalten. Sie spüren die Energie, sehen Bilder, riechen Dinge und hören Töne, die Ihnen einen Einblick in die Geschichte des Gegenstands und seines Besitzers geben. Wenn Sie die Kunst der Psychometrie bereits beherrschen, müssen Sie nur in der Nähe eines Gegenstandes sein, um ihn lesen zu können. Aber als Anfänger müssen Sie das Objekt persönlich in der Hand halten.

Sie fragen sich wahrscheinlich, wie die Psychometrie Ihnen Informationen über ein Objekt liefern kann. Das ist relativ simpel. Wenn Sie einen Gegenstand in Ihrer Wohnung berühren, hinterlassen Sie einen physischen Abdruck auf dem Objekt. Aber was Sie vielleicht nicht wissen, ist, dass Sie auch einen Teil Ihrer Energie auf dem Objekt hinterlassen. Sie bestehen aus Energie, wie alles andere im Universum auch. Sie hinterlassen Ihren Abdruck auf allem, mit dem Sie in Kontakt kommen. Das bedeutet, dass jedem Gegenstand, den Sie berühren, ein Teil Ihrer energetischen Schwingungen aufgeprägt wird. Mit der Psychometrie können Sie die Energieeindrücke lesen, die auf den Gegenständen hinterlassen werden. Je mehr energetische Abdrücke auf einem Objekt vorhanden sind, desto mehr Informationen über das Objekt können Sie dem Kontakt entnehmen.

Um Psychometrie zu praktizieren:

- Waschen und trocknen Sie zunächst Ihre Hände, um die verbleibende Energie loszuwerden.
- Bringen Sie die Energie durch Ihre Hände zum Fließen, indem Sie sie einige Sekunden lang aneinander reiben.
- Bringen Sie nun Ihre Handflächen mit etwas Abstand zueinander zusammen. Ziehen Sie Ihre Handflächen

auseinander, ohne dass sie sich dabei berühren. Nehmen Sie das schwere Gefühl zwischen den Handflächen wahr. Das ist das Gefühl von fließender Energie. Wenn Sie es nicht spüren, reiben Sie Ihre Hände noch ein paar weitere Sekunden lang aneinander.

– Suchen Sie sich einen physischen Gegenstand wie einen Ring oder ein Armband und halten Sie ihn sanft in Ihren Händen. Sie können jeden beliebigen Gegenstand verwenden, aber achten Sie darauf, dass er häufig getragen oder benutzt wird. Verwenden Sie einen Gegenstand, der weder Ihnen, noch jemandem, den Sie kennen, gehört. Bitten Sie beispielsweise einen Freund um ein Familienerbstück, das Sie zum Üben verwenden können.

– Schließen Sie sanft die Augen und entspannen Sie sich. Machen Sie eine kurze Meditationsübung, falls Ihnen dies weiterhilft.

– Achten Sie auf die Geräusche, Gerüche und Bilder, die Ihnen in den Sinn kommen, während Sie den Gegenstand in den Händen halten. Was sehen, riechen, hören und fühlen Sie?

Während Sie sich konzentrieren, erhalten Sie Informationen über den Besitzer des Gegenstandes, den Sie in der Hand halten. Ich sollte an dieser Stelle anmerken, dass die emotionale Energie die stärkste ist, die Sie von Gegenständen, an denen Sie Psychometrie anwenden, erhalten. Die stärksten Emotionen, die von einem Gegenstand ausgehen, sind Liebe, Angst und Hass.

Beachten Sie, dass Sie Psychometrie nutzen können, um Medialität zu praktizieren und den Geist eines verstorbenen geliebten Menschen zu „channeln". Dazu benötigen Sie das Foto der verstorbenen Person oder einen Gegenstand, der ihr zu Lebzeiten lieb war.

Andere Möglichkeiten, wie Sie Ihre übersinnlichen Fähigkeiten nutzen können, sind:

– Ein Spaziergang in der Natur

– Der Besuch eines Antiquitätenladens, um das Energielesen zu üben

– Die Schärfung Ihre Intuition mit der Meditation durch das dritte Auge

- Der Beitritt zu einer psychischen Entwicklungsgruppe
- Die Teilnahme an Kursen zur psychischen Entwicklung
- Das Führen eines Tagebuchs, um Ihre Fortschritte beim täglichen Üben zu dokumentieren und zu verfolgen

Das Wichtigste ist, dass Sie konsequent üben müssen, um Ihre angeborenen übersinnlichen Fähigkeiten zu entfalten. Seien Sie also bereit, sich anzustrengen!

Kapitel Drei: Hellseherische Hilfsmittel

Ob Sie Anfänger oder erfahrener Hellseher sind, Sie können viele Hilfsmittel verwenden, um Ihre Fähigkeiten zu verbessern. Der Sinn des Einsatzes übersinnlicher Hilfsmittel besteht darin, dass Sie metaphysische und spirituelle Wesen mit ein wenig Unterstützung konsultieren können. Sie brauchen diese Hilfsmittel nicht unbedingt. Aber wenn Sie sie haben, können Sie Ihre Fähigkeiten viel schneller beherrschen lernen. Beachten Sie, dass nicht alle Hellseher Hilfsmittel benötigen, um eine Lesung zu erreichen. Viele haben die Kunst gemeistert, und können nur ihre Intuition und ihre übersinnlichen Sinne zum Lesen verwenden. Dies fällt Ihnen besonders einfach, wenn sie mehr als einen dominanten übersinnlichen Sinn haben.

Wenn Sie über mehr als eine übersinnliche Fähigkeit verfügen, überschneiden sich die Fähigkeiten zwangsläufig während der Lesungen. Dadurch erhalten Sie während einer psychischen Lesung Zugang zu verschiedenen Formen von Informationen. Um Lesungen ohne hellseherische Hilfsmittel durchzuführen, müssen Sie entspannt und ruhig bleiben. Wenn Sie sich nicht in einen ruhigen Zustand versetzen können, wird es Ihnen schwerfallen, sich mit Ihrer angeborenen spirituellen Informationsquelle zu verbinden. Wenn Sie sich entspannen, lassen sich Ihre Energie und Ihr spirituelles Feld leichter lesen. Wie Sie bereits gelernt haben, ist es am besten, wenn Sie zunächst meditieren, bevor Sie mit der Lesung loslegen. Das hilft Ihnen, mit

Ihren übersinnlichen Sinnen und der geistigen Welt in Verbindung zu bleiben.

Zu den hellseherischen Hilfsmitteln gehören eine Reihe von Gegenständen, die Sie leicht kaufen oder selbst herstellen können. Um Ihnen das Lernen zu erleichtern, habe ich eine Anleitung beigefügt, die erklärt, wie Sie übersinnliche Hilfsmittel selbst herstellen können, ohne viel Geld ausgeben zu müssen. Natürlich kann es sein, dass Sie die Gegenstände lieber kaufen möchten, anstatt sie selbst anzufertigen. In diesem Fall lassen sich leicht Online-Shops finden, die esoterische Artikel verkaufen. Im Folgenden finden Sie Hilfsmittel, die Sie mit Ihren angeborenen übersinnlichen Fähigkeiten kombinieren können, um mächtiger zu werden.

Pendel

Ein Pendel ist ein effektives Werkzeug, um tief in das kollektive Bewusstsein des Universums einzutauchen. Das bedeutet natürlich auch, dass Sie mit dem Pendel Ihr Unterbewusstsein und Ihr höheres Bewusstsein anzapfen können. Es spielt dabei keine Rolle, wonach Sie suchen – egal, ob es sich um eine einfache Antwort oder um etwas Tiefergehendes handelt, ein Pendel kann Ihnen tiefere Einsichten in jeder Situation ermöglichen. Im Laufe der Geschichte wurden Pendel immer wieder effektiv eingesetzt, um verlorene Gegenstände zu finden.

Viele Menschen glauben es zwar nicht, aber Pendel können auch auf Geistwesen zugreifen. Sie können dieses Instrument nutzen, um spirituelle Weisungen vom göttlichen Wesen zu erhalten. Das Gute an der Verwendung von Pendeln für die Hellseherei ist, dass sie Ihnen dabei helfen, schnell genaue Antworten auf jedes Problem zu erhalten. Angenommen, Sie möchten etwas über Ihre Beziehungen, Ihre Karriere, Ihr Schicksal oder Ihren Lebensweg erfahren. Bei all diesen Themenbereichen trägt das Pendel dazu bei, dass Sie das gewünschte Wissen schneller erlangen.

Um ein Pendel zum Lesen zu verwenden, müssen Sie es gut an einer Kette befestigen, damit es sich frei bewegen und hin und her schwingen kann. Ein schwingendes Pendel führt Sie zu den Antworten, die Sie suchen. Während es schwingt, bewegt es sich durch Ihre tiefsten Gedanken, Gefühle und Energien. Die Bewegungen des Pendels sind das, was Sie interpretieren müssen, um Ihre Antworten zu erhalten. In Verbindung mit Ihrer übersinnlichen Gabe sollten Sie keine Probleme bei der Deutung haben. Wenn Sie hellsichtig sind, werden Ihnen die Antworten vielleicht dann am schnellsten einfallen, während Sie das Pendel beim Schwingen beobachten.

Sie können Pendel in fast jedem Geschäft oder Onlineshop kaufen, der Artikel zum Thema Hellsehen anbietet. Wenn Sie es lieber selbst herstellen möchten, finden Sie im Folgenden eine Anleitung. Achten Sie darauf, dass Sie ein Pendel aus Holz, Plastik, Kork, Kristall oder sogar Metall herstellen können. Es gibt verschiedene Gegenstände in Ihrem Haushalt, die Sie verwenden können, um sich schnell ein Pendel zu basteln. Um Ihr Pendel herzustellen, benötigen Sie eine lange Kette, vorzugsweise zwischen 38 und 46 Zentimeter lang, an der Sie das Pendel befestigen. Achten Sie dabei darauf, dass der Verschluss der Kette noch funktionsfähig ist. Sie benötigen außerdem einen Ring für Erwachsene, der aus Gold oder Silber gefertigt sein kann.

- Öffnen Sie den Verschluss der Halskette und fädeln Sie Ihren Gold- oder Silberring durch darauf. Schließen Sie den Verschluss der Halskette wieder. Tun Sie dies, damit der Ring sich frei bewegen kann, ohne dabei herunterzufallen.
- Legen Sie den Ellbogen Ihrer rechten (oder dominanten) Hand sanft auf eine flache Oberfläche, z.B. einen Tisch. Strecken Sie Ihren Unterarm senkrecht auf dem Tisch aus. Halten Sie dann Ihr Pendel so, dass der Ring etwa 5 cm von Ihren Fingern entfernt ist.
- Das Pendel beginnt zu schwingen. Achten Sie auf die Pendelbewegungen, während es schwingt. Nehmen wir an, das Pendel bewegt sich zuerst von links nach rechts. Sie können diese Bewegung als „Ja" definieren. Eine Bewegung von rechts nach links kann mit „Nein" definiert werden. Eine Auf- und Abwärtsbewegung könnte „Unbekannt" sein. Dies wird Ihnen dabei helfen zu verstehen, was die Geister sagen, wenn Sie eine Pendelbewegung in eine bestimmte Richtung beobachten.
- Halten Sie Ihr neues Pendel zwischen Zeigefinger und Daumen fest, um Ihr neues Pendel zu testen. Stellen Sie dann eine Frage, deren Antwort Sie bereits kennen. Sie könnten zum Beispiel fragen: „Hat es gestern geregnet?" Prüfen Sie, ob die Pendelbewegung des Pendels die vorgegebene Frage genau beantwortet.

– Wiederholen Sie die obigen Schritte mit mindestens zehn verschiedenen Fragen, die vorgegebene Antworten haben. Auf diese Weise erhalten Sie Gewissheit über die Richtigkeit der Pendelbewegungen. Je nachdem, wie erfolgreich Sie bei dieser Übung sind, müssen Sie die vorher festgelegten Bezeichnungen der Pendelbewegungen entweder ändern oder nicht.

Achten Sie darauf, dass das Pendel, das Sie herstellen, so frei wie möglich schwingt. Das können Sie am besten sicherstellen, indem Sie darauf achten, dass die Haltekette weder zu kurz noch zu dick ist. Wenn es sich nicht so frei und leicht bewegt, wie es sollte, müssen Sie die Kette oder den Ring, der daran befestigt ist, möglicherweise austauschen. Tauschen Sie die Materialien aus, bis Sie die richtige Größe gefunden haben und die gewünschten Ergebnisse erzielen können.

Ich empfehle Ihnen, mehrere Arten von Pendeln aus verschiedenen Materialien und Ketten zu basteln. Machen Sie eines aus Plastik, Kupfer, Kristall oder Holz. Probieren Sie verschiedene Versionen aus, um herauszufinden, was am besten funktioniert. Denken Sie daran, dass alle Hellseher unterschiedlich sind, d.h. etwas, dass bei Ihnen funktioniert, funktioniert vielleicht nicht automatisch bei anderen Personen und umgekehrt.

Bevor Sie das Pendel benutzen, versetzen Sie sich in einen entspannten und ruhigen Geisteszustand. Falls Sie das nicht tun, könnten Sie viele Antworten erhalten, mit denen Sie nicht einverstanden sind. Wenn Sie entspannt bleiben, verringert sich die Wahrscheinlichkeit, dass Sie negative und widersprüchliche Antworten erhalten.

Tarot-Karten

Tarotkarten sind eines der beliebtesten Hilfsmittel für Hellseher. Viele Menschen fühlen sich mit ihnen wohl, weil sie leicht zu lesen und gut zu verstehen sind. Sie werden viele Hellseher finden, die sie benutzen, um Antworten auf ihre dringlichsten Fragen zu finden, sogar im Internet. Wenn Sie neugierig und wissbegierig sind, können die Tarotkarten Ihnen dabei helfen, sich selbst zu enträtseln. Das Erlernen des Tarotlesens - und Deutens ist ein langwieriger Prozess. Zu Beginn werden Sie sicherlich mehr Fragen als Antworten erhalten. Es braucht Zeit, um die Bedeutung der Karten richtig deuten zu lernen. Außerdem ist eine Menge Übung erforderlich.

Wenn Sie die Tarotkarten zum ersten Mal ausprobieren, sind Sie vielleicht zunächst überwältigt und verwirrt von der schieren Menge der Karten. Die Karten sind zahlreich, und Sie müssen sie alle einigermaßen gut beherrschen. Ursprünglich wurden die Tarotkarten für Kartenspiele verwendet. Erst im 18. Jahrhundert wurden sie erstmals zur Wahrsagerei eingesetzt. Beim Tarot geht es um universelle Symbole, was bedeutet, dass die Karten und die Geschichten, die sie vermitteln, über Kultur, Zeit und Kontinente hinausreichen.

Wenn Sie sich Ihr Tarot-Kartenspiel kaufen, werden Sie feststellen, dass die Karten unterschiedliche Titel haben. Sie sind außerdem von 0 bis 21 durchnummeriert. Bei einigen Kartenspielen gehen die Nummern von 1 bis 22. Andere Karten sind auf die übliche Art und Weise nummeriert, die Sie von traditionellen Kartenspielen kennen. Sie sind mit Königen, Damen und Assen versehen, die in zwei Bereiche unterteilt sind: die Großen Arkana und die Kleinen Arkana. Die Großen Arkana umfassen alle Karten ohne Farben. Die Kleinen Arkana enthalten Karten, die als Stäbe, Kelche, Schwerter und Pentakel bezeichnet werden. Ein Standard-Tarotdeck hat 78 Karten, 22 in den Großen Arkana und die restlichen 56 in den Kleinen Arkana.

Die Karten der Großen Arkana stellen Archetypen dar. Sie deuten auf wichtige Muster, Themen und Lektionen hin, die Sie oder der Fragesteller (die Person, deren Lesung Sie durchführen) beachten sollten. Bestimmte Karten stehen für den bevorstehenden Wandel. Wenn Sie beispielsweise den Turm erhalten, der zu den Karten der Großen Arkana gehört, bedeutet dies, dass Sie einen großen, lebensverändernden Wandel erleben werden.

Beachten Sie, dass die Karten der Großen Arkana nicht alle gleich sind. Die Namen der Karten können je nach Deck geändert werden. Glücklicherweise sind die Karten immer mit ausführlichen Informationen versehen, die Sie sich vor dem Üben durchlesen sollten. Das macht die Sache für Sie einfacher.

Die Kleinen Arkana des Tarotdecks umfassen Karten, die die Herausforderungen, Triumphe, Freuden, Ängste, Ärgernisse und Hoffnungen darstellen, die Sie jeden Tag erleben. Denken Sie daran: Nur weil wir diese Karten als kleine oder Nebenarkana bezeichnen, bedeutet das nicht, dass die dargestellten Themen unbedeutend sind. Die Themen sind lediglich vorübergehend weniger weitreichend als die Themen, die in den Karten der Großen Arkana behandelt werden.

Außerdem sind die Themen der Nebenarkana leichter zu bearbeiten.

Die Kleine Arkana ist, wie gesagt, in vier Farben unterteilt. Genauer gesagt sind es die Stäbe, Kelche, Schwerter und Pentakel. Jede ist mit einem Teil der menschlichen Erfahrung verbunden. Die Schwerter sind mit kognitiven Prozessen und Entscheidungsfindung verbunden, die Stäbe mit Motivation und Handeln, die Kelche mit Emotionen und Gefühlen und die Pentakel mit materiellen Dingen, wie Finanzen und Arbeit.

Je nach Art des Decks, das Sie kaufen, kann es sein, dass die Karten miteinander gemischt sind. Aber die oben genannten Interpretationen sind die allgemeinen Bedeutungen für die Farben in jeder Nebenarkana.

Wenn Sie keine Tarotkarten kaufen möchten, können Sie sich natürlich auch zu Hause ein Deck zusammenstellen. Ich empfehle diese Möglichkeit besonders den Anfängern unter den Hellsehern, denn so ist Tarot viel einfacher zu meistern. Die Decks beziehen sich dadurch viel konkreter auf Ihr eigenes Leben, was bedeutet, dass die Antworten der Geister leichter zugänglich werden.

Nachfolgend finden Sie die Arbeitsschritte zur Herstellung Ihres Tarotkarten-Decks für hellseherische Lesungen:

– Suchen Sie sich ein großes Stück dickes Papier, aus dem Sie 78 Kartenstücke ausschneiden können. Die Karten können eine beliebige Größe haben, aber denken Sie beim Ausschneiden stets an das Mischen der Karten. Achten Sie darauf, wie sie sich in Ihrer Hand anfühlen und wie sie sich mischen lassen. Ich empfehle die Verwendung von Pappkarton, um die nötige Haltbarkeit der Karten zu gewährleisten.

– Wie Sie bereits gelernt haben, besteht ein Tarotdeck aus einem Satz von 22 Karten und vier weiteren Sätzen von 14 Karten. Denken Sie daran, wenn Sie die 78 Karten ausschneiden.

– Wenn Sie fertig sind, müssen Sie die Karte gestalten und die Farben der Nebenarkana benennen. Das am häufigsten von Anfängern verwendete Design ist das sogenannte Rider-Waite-Smith Deck. Die meisten Hilfsmittel zum Erlernen der Bedeutung der Karten folgen diesem Design. Sie sollten wissen, dass eine persönliche Gestaltung und personalisierte Abweichungen Ihnen zu tieferen Bedeutungen in Ihren Kartensatz verhelfen können.

– Als Nächstes müssen Sie die Motive für die Kartenentwürfe skizzieren und ihnen Beschriftungen hinzufügen. Versuchen Sie, die Symbole auf dem Rider-Waite-Smith-Deck für Ihre Karten so gut wie möglich zu imitieren.

– Zum Schluss zeichnen oder malen Sie das Design der Rückseite auf Ihr Deck. Sie können es einfach oder komplex gestalten. Das hängt ganz davon ab, was Sie persönlich bevorzugen.

Geschafft. Nun haben Sie Ihr selbstgemachtes Tarotdeck, das Sie für Hellseherei verwenden können. Sie können die Karten mischen und deren Bedeutungen lernen. Während Sie Ihr Deck zeichnen und zusammenstellen, werden Sie ein Gefühl der Vertrautheit mit jeder der Karten entwickelt haben. Das wird Ihnen später helfen, die Kunst des Tarotkartenlesens für Ihre psychische Entwicklung zu meistern.

Die unerschütterliche Konzentration ist beim Tarotlesen unerlässlich. Wie Sie die Karten mischen, spielt dabei keine Rolle. Entscheidend ist, wie gut Sie sich auf den Prozess konzentrieren. Wenn Sie nicht so gut konzentriert sind, wie Sie es sein sollten, entgehen Ihnen möglicherweise eine Menge wichtiger Details.

Sie sollten sich deswegen nicht ärgern oder sich Sorgen machen, wenn Sie nicht gleich alle Bedeutungen der Karten auf einmal gelernt haben. Nehmen Sie sich Zeit. Einer der wichtigsten Aspekte des ganzen Prozesses ist der, dass Sie durch diese Aktivität Ihre Intuition weiterentwickeln und verbessern können.

Kristalle

Kristalle sind nützliche Edelsteine, die nachweislich spirituelle Energie enthalten. Bei einer Kristalldeutung geht es um die Vertrautheit mit den vielen Eigenschaften dieser natürlichen Ressourcen und darum, wie sie für den höchsten, göttlichen Zweck genutzt werden können. Genau wie Sie selbst haben auch Kristalle eigene energetische und schwingende Kräfte. Das bedeutet, dass Sie sie verwenden können, um Ihren persönlichen Schwingungszustand zu erhöhen oder zu verbessern. Und was noch wichtiger ist: Sie können sie auch dazu einsetzen, um Ihre Verbindung zum Spirituellen zu stärken.

Die kraftvollen Heilkräfte dieser Edelsteine wirken sich sowohl auf physischer als auch auf nicht-physischer Ebene aus. Dank der Mineralienmischung der Erde verfügt jeder Stein über eine intensive und einzigartige Konzentration von Lebensenergie. Als Hellseher müssen Sie wissen, welche Steine die höchste spirituelle Resonanz aufweisen. Steine mit hoher Resonanz interagieren mit Ihrem Energiefeld, heben es an und fokussieren es für Sie. Ihr Energiefeld umfasst physische, mentale, emotionale und spirituelle Körper, die alle auf unterschiedlichen Frequenzen schwingen. Alle diese Körper können durch die Kristalle positiv beeinflusst werden.

Das Wissen um die Verwendung von Kristallen und Edelsteinen für das Hellsehen ist ein grundlegender Bestandteil der Esoterik. Die Kristalle werden bei Lesungen verwendet, um übersinnliche Botschaften zu empfangen und zu interpretieren. Sie können sich außerdem auf das Energiefeld der Steine einstimmen, um herauszufinden, welche Steine Ihnen in einem bestimmten Moment Ihres Lebens von großem Nutzen sein könnten.

Das Beste an Kristallen ist, dass sie auch für Tarot- und Orakellesungen eingesetzt werden können. Die Kristalle erhöhen Ihre Chancen, die Antworten und Lösungen zu erhalten, die Sie suchen, erheblich. Die folgenden Kristalle gehören zu den Steinen, die Sie für Hellsehen verwenden können:

- Sodalith
- Amazonit
- Chrysokoll
- Blauer Spitzenachat
- Schwarzer Turmalin
- Herkimer Diamant
- Klarer Quarz
- Fluorit
- Amethyst
- Azurit

Diese Steine können für eine Reihe von Zwecken verwendet werden. Sodalith und Amazonit eignen sich hervorragend, um einen Zustand der Ruhe während des Hellsehens bei Ihnen auszulösen und aufrechtzuerhalten. Wenn Sie mit diesen Kristallen meditieren, werden Sie ein Gefühl von Frieden und Ruhe empfinden, wann immer Sie Informationen erhalten, die Ihnen nicht gefallen. Klarer Quarz ist hervorragend dazu geeignet, um die Klarheit und das Verständnis während des Lesens zu verbessern. Er wird mit dem Kronen- und dem dritten Augenchakra in Verbindung gebracht, was bedeutet, dass er Ihnen dabei helfen kann, den Sinn Ihrer Lesung und der Botschaften, die Sie erhalten, zu verstehen.

Blauer Spitzenachat und Chrysokoll sind wirksam, um Ihnen eine gute Kommunikation mit dem Geist zu gewährleisten, wenn Sie eine Lesung durchführen. Nehmen wir an, Sie machen die Lesung für jemand anderen. In solchen Fällen helfen sie Ihnen, die empfangenen Botschaften klar und deutlich an Ihren Klienten oder Gesprächspartner weiterzugeben. Beide Steine sind mit dem Halschakra verbunden. Blauer Spitzenachat wird der „Stein der Artikulation" genannt.

Sie können Ihre Energiekristalle und Ihr Tarotdeck zusammen an einem Ort aufbewahren. Beachten Sie dabei auch, dass Sie nicht unbedingt alle der oben aufgeführten Steine benötigen. Es handelt sich dabei lediglich um Empfehlungen für die Art von Kristallen, die Sie für Ihre psychische Praxis und Entwicklung in Betracht ziehen sollten.

Das Wichtigste ist, dass Sie bei der Auswahl von Kristallen und Steinen, die zur Hellseherei verwendet werden können, Ihrer Intuition folgen.

Runen

Die wörtliche Bedeutung des Wortes „Rune" ist „etwas Geheimes" oder „etwas Verborgenes". Die Bedeutung der Runen wurden erst in den 1980er Jahren allgemein bekannt. Davor kannten und verstanden nur die angesehensten Mystiker die divinatorische Kraft der Runen. Falls Sie noch nicht mit Runen vertraut sind, stellen Sie sich uralte Symbole vor, die als esoterische und divinatorische Werkzeuge dienen. Die meisten Menschen nehmen an, dass die Runensymbole aus der lateinischen Sprache stammen, aber sie stammen tatsächlich aus den alten germanischen Sprachen, die vor dem Lateinischen entstanden sind.

Im Laufe der Jahre haben sie sich weiterentwickelt, um eine eher symbolische Bedeutung anzunehmen. Sie werden heutzutage für besondere Zwecke verwendet. Runen werden oft auf Holzfliesen und Perlen oder Glas abgebildet. Jedes dieser Symbole hat eine bestimmte Bedeutung und Botschaft. Natürlich handelt es sich um spirituelle Botschaften. Um deren Bedeutungen zu übersetzen, müssen Sie die Kunst des Runenlesens erlernen. Hellseher, die Runen in ihren

Lesungen verwenden, werden oft Runen-Hellseher genannt.

Als Runen-Hellseher verfügen Sie über das nötige Wissen und die Erfahrung, um Runensteine für spirituelle und divinatorische Zwecke zu verwenden. Auch wenn Sie kein Meister des Runenlesens werden wollen, können Sie die Grundlagen des Runenlesens erlernen, um Sie auf Ihrer psychische Reise zu unterstützen. Die Verwendung von Runen beim Hellsehen kann Ihnen helfen, Einblick in verschiedene Situationen zu gewinnen. Sie können die Runen auch als Vermittler verwenden, um die Botschaften, die Sie von Ihren Geistführern erhalten, genauer zu erklären. Sie können Runen als Medium verwenden, um mit dem Universum zu kommunizieren und Vorhersagen zu treffen.

Wenn Sie Runen in Ihre Deutungen miteinbeziehen, können Sie eine starke Verbindung zur spirituellen Energiequelle herstellen. Dies ermöglicht es Ihnen, übersinnliche Botschaften intuitiv zu interpretieren, und zwar im Einklang mit Ihren vorherrschenden übersinnlichen Fähigkeiten. Einfach ausgedrückt heißt das: Die Verwendung von Runen während einer Lesung kann Ihren dominanten hellseherischen Sinn so weit schärfen, dass die Botschaften für Sie intuitiv klar und bedeutungsvoll werden.

Als Fragesteller müssen Sie die Lesung mit einer bestimmten Frage oder Absicht beginnen. Oder Sie können eine allgemeine Deutung vornehmen, um zu sehen, ob der Geist Ihnen etwas zu sagen hat. Wie bei einer Tarot-Lesung müssen Sie die Runenperlen oder -kacheln ausbreiten und danach die Lesung und Interpretation durchführen.

Sie können die Spiritualität durch Runen konsultieren, wann immer Sie noch mehr Klarheit über etwas brauchen. Nehmen wir an, Sie haben eine wichtige oder auch nur kleine Entscheidung zu treffen. In diesem Fall kann Ihnen das Lesen der Runen helfen, mit Ihrer Entscheidung die richtige Richtung einzuschlagen. Ein Runenspruch ist ein weiteres Mittel, das dazu dient, dass Sie sich ein klares Bild von dem machen, was vor Ihnen liegt.

Astrologie

Viele Menschen glauben, dass Astrologie und übersinnliche Praktiken nichts miteinander zu tun haben, aber das ist nicht wahr. Seit Hunderten von Jahren haben verschiedene Kulturen auf der ganzen Welt die Bewegungen der Planeten und Sterne studiert, um dadurch Zugang zur

Göttlichkeit zu erhalten. Obwohl die Astrologie ein eigenständiges Fachgebiet der Esoterik ist, kann sie auch für die Hellseherei genutzt werden. Wenn Sie Astrologie studieren, wird sich dies direkt positiv auf Ihr psychisches Wachstum auswirken.

In der Astrologie dreht sich alles um die Ausrichtung und Platzierung der Sterne und Planeten. Sie basiert auf der Vorstellung, dass die Position der Planeten und die Ausrichtung der Sterne zum exakten Zeitpunkt der Geburt eines Menschen jede Facette seines Lebens beeinflussen, einschließlich seiner Persönlichkeit, seines Karmas, seiner Ziele und seiner allgemeinen Stimmungslage. Wenn Sie der Astrologie bereits zugeneigt sind, haben Sie wahrscheinlich schon festgestellt, dass Sie Ähnlichkeiten mit anderen Menschen desselben Sonnenzeichens haben.

Bei einer astrologischen Deutung werden die Einflüsse Ihres Sonnenzeichens, Ihres Mondes und Ihres Aszendenten kombiniert und miteinbezogen. Nehmen wir beispielsweise an, Sie möchten herausfinden, warum sich die Ereignisse in Ihrem Leben so entwickeln, wie sie es tun, oder wie es um die Kompatibilität zwischen Ihnen und einer anderen Person bestellt ist. In diesem Fall kann Ihnen eine astrologische Deutung gut weiterhelfen. Wenn Sie die Astrologie zu Ihren natürlichen intuitiven Fähigkeiten hinzufügen, werden Ihre hellseherischen Gaben dadurch deutlich verstärkt.

Die Astrologie ist nichts, was Sie durch das Lesen von ein paar Sätzen vollständig verstehen oder anwenden können. Um die Astrologie als psychologisches Werkzeug zu nutzen, brauchen Sie eine Quelle, die Ihnen genau das beibringt. Geburtshoroskope sind kompliziert, so dass Sie gegebenenfalls einen Mentor brauchen, der Ihnen den Lernprozess erleichtert.

Dies sind im Wesentlichen die besten psychischen Werkzeuge, die Sie auf Ihrer Reise benötigen. Diese Hilfsmittel können Ihnen das Üben erleichtern, aber das macht sie nicht zwingend erforderlich. Verwenden Sie sie nur dann, wenn Sie es auch wollen. Wenn Sie lieber ein Hellseher ohne Hilfsmittel sein möchten, ist die Arbeit an Ihrem dritten Auge die beste Möglichkeit, um dieses Ziel zu erreichen. Das wird Ihre Intuition und Ihre übersinnlichen Sinne so weit schärfen, dass die Werkzeuge Dritter keine Rolle mehr spielen. Es wird nur noch Sie und Ihre übersinnlichen Sinne geben.

Kapitel Vier: Verstehen Sie den Astralkörper

Hatten Sie jemals eine AKE? Eine AKE ist eine außerkörperliche Erfahrung. Dabei trennt sich Ihr Astralkörper von Ihrem physischen Körper. Dies geschieht in der Regel, wenn Sie sich in einem Traumzustand befinden. Jetzt fragen Sie sich wahrscheinlich, was ein Astralkörper ist. Um Ihnen dabei zu helfen, dieses Konzept zu verstehen, werde ich es in dieser Stelle genauer erklären.

Wenn Sie sich im Spiegel betrachten, können Sie Ihren physischen Körper sehen. Sie können ihn sehen, weil er sichtbar ist. Im Gegensatz zu dem, was Sie vielleicht denken, ist der physische Körper nicht Ihr einziger Körper. Er ist nur eine kleine Teilmenge dessen, was Ihr gesamtes menschliches Wesen ausmacht.

Sie bestehen aus zwei Teilen: Ihrem physischen Körper, den Sie sehen können, und einem anderen, den Sie nicht sehen können, es sei denn, Sie trainieren und üben, Ihr drittes Auge zu benutzen. Der zweite Teil ist Ihr Energiekörper. Sie können ihn auch als Ihr Energiefeld bezeichnen. Erinnern Sie sich, dass ich im vorigen Kapitel schon einmal kurz das menschliche Energiefeld erwähnt habe? Nun, Ihr Energiekörper ist das, worauf ich mich dabei bezogen habe.

Das Energiefeld ist allgemein als Aura bekannt. Es handelt sich um eine Mischung aus Lichtern und Farben, die Ihren physischen Körper umgibt. Die Aura ist für das menschliche Auge unsichtbar, d.h. Sie müssen Ihr drittes Auge öffnen, wenn Sie sie sehen wollen. Hellseher sehen den unsichtbaren Körper als ein helles Energiefeld, das den Körper durchdringt und sich etwa 15 cm vom Körper entfernt ausdehnt. Ihr Energiefeld ist mit Ihrem physischen Körper verbunden. Was auch immer sich auf Ihren Energiekörper auswirkt, spiegelt sich normalerweise in Ihrem physischen Körper wider und umgekehrt.

Denken Sie daran, dass das Energiefeld nicht als eigenständige Einheit existieren kann, d.h. es hängt von der Existenz Ihres sichtbaren physischen Körpers ab. Genau wie der Körper, den Sie sehen können, hat Ihr Energiefeld Dinge wie einen Kopf und einen Rumpf, einschließlich Armen und Beinen. Das Energiefeld existiert, weil es für das reibungslose Funktionieren Ihres materiellen Körpers unerlässlich ist. Die Hauptaufgabe des Körpers besteht darin, Lebensenergie aus dem Universum aufzunehmen und sie an Ihre materielle Form weiterzugeben. Auf diese Weise versorgt es Ihre physische Form mit Energie.

Die Aura oder der Energiekörper ist auch eine Art Schablone oder Vorlage für den physischen Körper. Ohne diese Vorlage würde sich Ihr physischer Körper aufgrund des unaufhörlichen Stoffwechsels ständig verändern. Im Grunde genommen bedeutet dies, dass die Existenz des Energiekörpers für Ihre physische Gesundheit entscheidend ist. Wie ich bereits erwähnt habe, wirkt sich alles, was das Energiefeld betrifft, automatisch auf den physischen Körper aus.

Nun, Ihr Energiefeld enthält verschiedene Schichten und Körper, von denen einer der Astralkörper ist. Sie können ihn alternativ den spirituellen Körper nennen. Der Astralkörper ist mit Ihrem physischen Körper verbunden. Er ist Ihre einzige Verbindung zwischen der physischen Ebene und den höheren (nicht-physischen) Ebenen. Das bedeutet, dass Ihr Astralkörper sowohl in der physischen Welt als auch in der metaphysischen Welt funktionieren kann.

Angenommen, Sie möchten in die Astralebene reisen, um mit höherdimensionalen Wesen zu interagieren oder ähnliche Dinge zu tun. In diesem Fall brauchen Sie dazu Ihre Astralform. Der Astralkörper ist die Erscheinungsform, die Sie verwenden, wenn Sie sich im Traumzustand befinden. Wenn Sie davon träumen, dass Sie im Schlaf etwas tun, sind Sie im Traum in Ihrer Astralform. Auch beim luziden Träumen ist der Astralkörper derjenige, der das Sagen hat.

Die Astralform kann nicht funktionieren, solange der physische Körper aktiv ist. Deshalb übernimmt sie die Kontrolle, wenn Sie schlafen. Wenn Sie aber lernen, wie man sich astral projiziert und astral reist, können Sie herausfinden, wie Sie den Astralzustand absichtlich herbeiführen können.

Ihr Energiefeld verfügt über verschiedene Energiekanäle, über die es Energie an Ihre materielle Form weitergibt. Diese Kanäle sind auch als Nadis bekannt. Sie haben außerdem auch Energiezentren, die als Chakren bezeichnet werden. Die Energiezentren und -kanäle sind wichtig, um ein sauberes Energiesystem zu gewährleisten, damit die Energie frei zum physischen Körper fließen kann.

Ein klarer und freier Energiefluss ist der Schlüssel für das Funktionieren des physischen Körpers. Ohne ihn kann der Körper nicht zu Höchstleistungen auflaufen. Sie brauchen ein sauberes Energiesystem, um Ihr Wohlbefinden und die wesentlichen Körperfunktionen weiterhin zu erhalten. Lassen Sie uns kurz über die Energiezentren und -kanäle sprechen.

Die Chakren sind Ihre Energiezentren. Sieben Hauptchakren pumpen Energie in Ihre physische Form. Sie vitalisieren Ihren gesamten Körper. Sie finden die Chakren in der Mittellinie des Körpers und sie verlaufen von unten nach oben. Wenn diese Energiekanäle blockiert sind, kann dies zu Schmerzen oder Krankheiten in bestimmten Teilen Ihres Körpers führen.

Jedes Ihrer Chakren ist mit einem Teil des physischen Körpers verbunden. Das macht die Diagnose für Energieheiler einfacher, die bei Blockaden im Energiefeld weiterhelfen können. Es ist wichtig zu verstehen, wie die Chakren funktionieren und wie Sie sich für deren Energien offenhalten können. Wenn die Chakren blockiert oder nicht funktionsfähig sind, können Sie einfach nicht mehr auf Ihr psychisches Potential zugreifen.

Was sind die sieben Chakren?

- **Wurzelchakra:** Dies ist das erste Chakra, das sich an der Basis Ihrer Wirbelsäule befindet. Wenn das erste Chakra blockiert ist, führt dies häufig zu körperlichen Symptomen wie Ischias, Schmerzen im unteren Rücken, Krampfadern und verschiedenen Erkrankungen des Immunsystems. Das Wurzelchakra ist für die Funktion der Wirbelsäule, der Beine, der Füße, der Nieren, des Rektums und des Immunsystems zuständig. Jede Blockade in diesem Chakra wirkt sich also auf diese spezifischen Teile Ihres Körpers aus.

- **Sakralchakra:** Das Sakralchakra befindet sich zwischen dem Nabel und dem Unterbauch und ist das Chakra, das dem Wurzelchakra am nächsten ist. Wenn das Sakralchakra blockiert ist, verursacht es körperliche Symptome wie Beckenschmerzen, Ischiasbeschwerden, Probleme beim Wasserlassen, Libidoprobleme und Schmerzen im unteren Rücken. Das zweite Chakra steuert Ihre sexuelle Funktion. Es steuert auch Ihren Magen, Ihre Leber, Ihre Nieren, Ihre oberen Eingeweide, Ihre Bauchspeicheldrüse, Ihre Milz und den Bereich um die Mitte Ihrer Wirbelsäule herum.

- **Solarplexus-Chakra:** Chakra Nummer drei ist das Solarplexus-Chakra, das sich, wie Sie wahrscheinlich schon am Namen erkennen können, im Solarplexus befindet. Dieses Chakra ist für Ihren Oberbauch, die mittlere Wirbelsäule, die Leber, die Gallenblase, die Milz, die Nebennieren, den Dünndarm, den Brustkorb, den Nabel und den Magen zuständig. Jede Blockade im Solarplexus-Chakra kann körperliche Erkrankungen wie Diabetes, Bauchspeicheldrüsenentzündung, Magengeschwüre, Verdauungsstörungen, Zirrhose, Bulimie und viele weitere verursachen.

- **Herz-Chakra:** Ihr viertes Chakra ist das Herz-Chakra, das sich in der Mitte des Herzens befindet. Aber das Herzchakra steuert nicht nur das Herz, sondern auch andere Teile des Körpers wie zum Beispiel das Blut, die Lunge, die Brüste, Arme und Hände, das Zwerchfell und das Kreislaufsystem. Eine Blockade in diesem Chakra kann Asthma, Lungenentzündung, Probleme im oberen Rückenbereich und allgemeine Herzprobleme verursachen.

- **Kehlchakra:** Wie der Name schon sagt, ist dies das fünfte Energiezentrum, das sich am Hals befindet. Das Kehlchakra reguliert die Funktionen in Ihrem Hals, der Schilddrüse, dem Mund, den Zähnen, der Speiseröhre und dem Hypothalamus. Ein blockiertes Halschakra kann sich durch körperliche Symptome wie Halsgeschwüre, Skoliose, Schilddrüsenfehlfunktionen und Sprach- oder Stimmprobleme bemerkbar machen.

- **Drittes Augenchakra:** Chakra Nummer sechs ist das dritte Augenchakra, und wahrscheinlich das bekannteste Chakra. Selbst Menschen, die sich nicht mit Esoterik beschäftigen, haben schon mal etwas über das dritte Augenchakra gehört. Das dritte Auge ist in verschiedenen Kulturen auf der ganzen Welt beliebt, aber alle sind sich einig, dass es der Hauptsitz der Intuition ist. Das dritte Auge kontrolliert Ihr Gehirn, die Hirnanhangdrüse, die neurologischen Funktionen und die Zirbeldrüse. Wenn das Chakra des dritten Auges blockiert ist, führt dies zu Symptomen wie Hirntumoren, Krampfanfällen, Schlaganfällen, Funktionsstörungen der Wirbelsäule, Blindheit und Lernstörungen.
- **Kronenchakra:** Dies ist das letzte und höchste Chakra. Das Kronenchakra befindet sich oben auf Ihrem Kopf, auf dem Scheitel. Es beherrscht die Mittellinie über Ihren Ohren und den oberen Teil Ihres Kopfes. Das Kronenchakra ist das Bindeglied für die Verbindung mit dem höheren Bewusstsein. Wenn es blockiert ist, verursacht es körperliche Beschwerden im Zusammenhang mit dem Skelettsystem, der Muskulatur, Hautkrankheiten und chronischer Erschöpfung.

Die Nadis sind die Energiekanäle. Sie sind viel reichhaltiger als die Chakren. Als Energiekanäle transportieren die Nadis oder Meridiane Energie durch die Chakren. Sie beeinflussen Ihre körperliche Gesundheit ebenso sehr wie die Chakren. Jede Störung des Energietransports von den Nadis zu den Chakren führt zu körperlichen Erkrankungen und Beschwerden.

Es gibt 12 Hauptnadis und Tausende weiterer kleinerer Nadis an verschiedenen Stellen im Körper. Die Hauptnadis sind nach ihren Funktionen benannt. Sie haben die Nadis der Lunge, der Milz, des Magens, des Dickdarms, des Dünndarms, des Herzens, der Nieren, der Leber, der Blase, des Herzkonstriktors, und der Gallenblase. Sie decken Ihr gesamtes physisches System ab und helfen Ihrem Körper dabei, das Gleichgewicht zu halten. Eine Blockade in den Nadis stört das Gleichgewicht des Körpers.

Jetzt fragen Sie sich wahrscheinlich, was das alles mit dem Astralkörper und der psychischen Entwicklung zu tun hat. Nun, Energieblockaden sind im Allgemeinen nicht gut für das psychische Geschäft schädlich. Wenn Sie unter einer Energieblockade leiden, beeinträchtigt dies Ihre Fähigkeit, auf Ihre psychischen Portale zuzugreifen. Es beeinträchtig außerdem jegliche Versuche, Ihren Astralkörper zu „channeln". Bedenken Sie dabei, dass Astralreisen ein wichtiger Bestandteil der psychischen Praktiken sind.

Ich will damit sagen, dass Ihr Energiesystem klar und ausgeglichen sein muss, wenn Sie Ihre Kräfte nutzen wollen. Das dritte Auge ist, wie ich schon sagte, der Sitz der Intuition. Das bedeutet, dass Sie nicht auf Ihre Intuition zugreifen können, solange das Chakra des dritten Auges blockiert ist. Ihr Energiekörper muss zu jeder Zeit frei von Blockaden sein.

Der erste Schritt, um sicherzustellen, dass Ihr System frei von Blockaden bleibt, besteht darin, zu verstehen, was Energieblockaden überhaupt verursacht.

Ihr physischer Körper ist sehr empfindlich und wird durch innere und äußere Faktoren beeinflusst. Diese führen oft zu einer Energiestagnation oder Konzentration. Meistens sind derartige Probleme auf ein geistiges und emotionales Ungleichgewicht zurückzuführen. Sie können aber auch durch schlechte Umweltbedingungen, ungesunde Ernährung und Krankheiten verursacht werden.

Wenn ein Auslöser im physischen Körper verursacht wird, beginnt sich Ihr Energiefluss zu verdünnen. Dies führt zu Schmerzen und Organschäden. Obwohl sich die Blockade direkt auf den spezifischen Bereich auswirkt, in dem sie auftritt, hat sie letztlich einen Ripple-Effekt. Das bedeutet, dass sie den Energiefluss in anderen Teilen des Körpers unterbricht. Dies führt natürlich zu weiteren Problemen in der Gesamtfunktion Ihres Energiesystems und Ihres Gesundheitszustandes. Wenn dies geschieht, ist die Energieheilung der Schlüssel zur Beseitigung der Blockade und zur Entlastung Ihres gesamten Energiesystems.

Zu den besten Energieheiltechniken, die von erfahrenen Energieheilern angewandt werden, gehören Reiki, Ayurveda, Akupunktur usw. Außer Reiki können Sie die meisten dieser Methoden nicht an sich selbst anwenden. Im Folgenden finden Sie einfache Strategien zur energetischen Reinigung, die Sie bequem zu Hause durchführen können, um es sich leichter zu machen.

Ich sollte dabei anmerken, dass Ihr Energiefeld jederzeit klar sein muss, um Ihnen das Lesen der Energie anderer Menschen zu ermöglichen. Wie Sie sehen, ist es also wichtig, die folgenden Methoden zu erlernen.

Technik 1: Energie durch die Chakren leiten

Hierbei handelt es sich um eine meiner persönlichen Lieblingsübungen, um die Energie zu klären. Es handelt sich um eine Übung, die darauf abzielt, Ihren Geist, Ihren Körper und Ihre Gefühle mit Ihrer Seele in Einklang zu bringen. Dadurch wird das Gleichgewicht in Ihrem Energiesystem wiederhergestellt. Wenn Sie dichte Energie loswerden, verbessern Sie dadurch Ihre Verbindung mit der Energiequelle. Dies wiederum fördert Ihre Klarheit und Intuition und ermöglicht es Ihnen, Ihre innere Führung zu nutzen, um wichtige Entscheidungen zu treffen und wichtige Fragen zu beantworten.

Die Fähigkeit, Energie durch die Chakren zu leiten ist etwas, das ich Ihnen zur Integration in Ihre täglichen spirituellen Aktivitäten empfehle. Durch tägliches Üben können Sie den vollen Nutzen aus dieser Technik ziehen. Sie können klein anfangen - beispielsweise indem Sie fünf bis zehn Minuten Ihrer Zeit jeden Tag nutzen, um sich einen enormen Vorteil für Ihr gesamtes Energiesystem zu erarbeiten.

Der Prozess ist dabei ganz einfach. Sie erden, leiten und reinigen jeden Morgen und Abend die Energie in Ihrem System. Mit zunehmender Übung nehmen Ihre Vitalität, Ihre Klarheit und Ihr Gefühl der Konzentration zu. Dann können Sie die Zeit, die Sie für Ihre täglichen Übungen verwenden, erhöhen. Ich mag diese Methode, weil Sie dafür keinen ruhigen oder beschaulichen Ort brauchen. Sie können überall dort Energie tanken, wo Sie gerade sind, wenn Sie das Bedürfnis danach verspüren. Sie können es sogar während eines hitzigen Gesprächs mit einer anderen Person tun.

Zunächst werden Sie vielleicht nichts spüren. Das ist ganz normal. Sie müssen einfach weitermachen, bis Sie es spüren können. Bitten Sie die Energie, Sie aufzufüllen, und vertrauen Sie darauf, dass sie es auch tut. Wie man so schön sagt: Übung macht den Meister. Je mehr Sie üben, desto besser werden Sie darin und desto mehr werden Sie davon profitieren.

Wie gehen Sie bei dieser Methode am besten vor?

Erden Sie sich

Zunächst einmal müssen Sie sich erden. Wir sind selten automatisch voll im Augenblick präsent. Stressfaktoren und Ablenkungen durch die

Aktivitäten unseres täglichen Lebens gibt es zuhauf. Sie halten unseren Geist oft auf die Vergangenheit oder die Zukunft fixiert. Die Erdung bietet Ihnen eine Möglichkeit, in den gegenwärtigen Moment einzutauchen und nicht in die Vergangenheit oder die Zukunft zu schauen. Achtsamkeit und Präsenz im Moment sind der erste Schritt, um Ihren Geist, Ihren Körper und Ihre Emotionen mit Ihrem Geist in Einklang zu bringen.

Schritt 1: Erstellen Sie ein Erdungskabel, das von Ihrem ersten Chakra ausgeht

Setzen Sie sich aufrecht hin und kreuzen Sie die Arme und Beine dabei nicht. Stellen Sie Ihre Füße fest auf den Boden. Stellen Sie sich vor, dass an der Basis Ihrer Wirbelsäule ein Lichtstrahl aus Ihrem Wurzelchakra zum Mittelpunkt der Erde wandert.

Schritt 2: Öffnen Sie Ihr Kronenchakra

Visualisieren Sie eine weitere Lichtschnur, die von Ihrem Kronenchakra aus direkt nach oben in den Himmel führt, um sich mit der kosmischen Energie zu verbinden.

Schritt 3: Rufen Sie nach Ihrem Geist

Rufen Sie laut Ihren vollen Namen. Wiederholen Sie ihn dreimal. Ihr vollständiger Name ist für Sie einzigartig. Indem Sie Ihren vollen Namen wiederholen, rufen Sie Ihr Bewusstsein in den gegenwärtigen Moment zurück.

Schritt 4: Erzeugen Sie Erdungskabel von Ihren Füßen aus

Erwecken Sie die Chakren an der Basis Ihrer Füße. Stehen Sie mit den Füßen fest auf dem Boden und stellen Sie sich vor, wie Lichtstrahlen von Ihren Füßen bis zum Kern der Erde wandern.

Schritt 5: Energie aus der Erde gewinnen

Sobald Sie erfolgreich Stränge von Ihren Füßen und Ihrem ersten Chakra und einen kosmischen Strang von Ihrem Kronenchakra aus geschaffen haben, ist es an der Zeit, die Erdenergie nach oben zu leiten. Rufen Sie die Energie aus dem Erdkern und stellen Sie sich vor, wie sie in Ihre Füße, durch Ihre Beine und bis zu Ihrem Scheitel hinaufließt. Stellen Sie sich vor, wie die Energie die äußeren Schichten Ihres Energiefeldes füllt. Füllen Sie Ihre Aura und Ihren Körper mit dieser Energie. Sobald sie energetisch aufgeladen wurden, lassen Sie die Energie an der Schnur, die mit Ihrem ersten Chakra verbunden ist, hinunter in den Kern der Erde strömen.

Jetzt haben Sie sich erfolgreich durch Erdenergie geerdet. Der nächste Schritt besteht darin, Ihre Energie frei laufen zu lassen.

Lassen Sie Ihre Energie laufen

Nach der erfolgreichen Erdung können Sie die Energie durch Ihre Chakren kanalisieren, Blockaden auflösen und sie nacheinander reinigen. Sie wissen besser als jeder andere, was Sie wollen. Lassen Sie zu, dass die heilende Energie Ihren Körper, Ihren Geist, Ihre Emotionen und Ihre Seele durchströmt. Auf diese Weise werden Sie über die nötige Vitalität verfügen, um die hochschwingende Energie zu projizieren, die höherdimensionale Wesen zu Ihnen hinzieht.

Schritt 6: Senden Sie göttliche Energie aus

Im Gegensatz zur Erdungsenergie, die vom Erdkern nach oben wandert, um die kosmische Erdungsschnur hinunterzuspülen, wandert die göttliche Energie vom Kronenchakra durch die übrigen Chakren nach unten, bis sie das Zentrum der Erde erreicht. Lassen Sie die Energie mindestens viermal laufen und stellen Sie sich dabei die Farben der Energie vor, die durch Ihren Körper fließt. Es gibt vier Farben, und sie alle stehen für vier Arten von Energie, die Sie durchlaufen müssen.

Die erste ist eine königliche tiefblaue Farbe für de-programmierende Energie. Sie ist darauf ausgerichtet, dichte Energien aus Ihrem System auszuwaschen. Die zweite ist ein neon-elektrisches Blau für Klarheitsenergie. Sie zielt darauf ab, die geistige Klarheit zu verbessern und das Wissen zu steigern. Die dritte Energie hat eine grüne Farbe für Heilenergie. Sie lassen diese Energie laufen, um Wunden in den physischen und nicht-physischen Systemen zu heilen. Die vierte Farbe ist schließlich eine goldene Farbe für die Energie der Liebe und der Wahrheit. Lassen Sie diese Energie laufen, um sich mit Licht und Liebe zu beleben. Sie wird Sie daran erinnern, wer Sie sind und wie groß Ihre übersinnlichen Fähigkeiten sind.

Schritt 7: Tauschen Sie das Erdungskabel aus

Dies ist der letzte und wichtigste Schritt bei diesem Energie-Heilungsverfahren. Bevor Sie die Übung abschließen, müssen Sie Ihre Erdungsschnur durch eine neue ersetzen. Dies wird Ihnen dabei helfen, sich neu auszurichten und im gegenwärtigen Moment zu verankern. Lassen Sie alle Restenergien durch die alte Schnur abfließen und setzen Sie sie frei. Befreien Sie sich dann von der Schnur, indem Sie sich eine Rose vorstellen, die durch ihren Stiel mit der Erde verbunden ist. In diesem Zusammenhang ist die Rose ein Symbol der Vergebung und eine Möglichkeit, um giftige Energie in Licht umzuwandeln.

Visualisieren Sie Ihre alte Erdungsschnur in der Mitte der Rose und lassen Sie sie über einer großen Wasserfläche explodieren, so dass die Rose untergetaucht wird und wieder zu neuem Leben erwacht.

Wann immer Sie das Gefühl haben, dass eine Blockade in Ihrem Energiesystem vorliegt, können Sie diese Methode anwenden, um sie zu beseitigen und sich zu revitalisieren.

Strategie 2: Visualisieren, um negative Energie freizusetzen

Visualisierung ist eine einfache Übung, die Sie überall und jederzeit durchführen können. Sie können sie bei der Arbeit oder sogar in einem überfüllten Raum durchführen. Es ist normal, dass Sie die Visualisierung nicht gleich beim ersten Versuch schaffen. Auch wenn Sie das Gefühl haben, dass Sie nicht gut darin sind, versuchen Sie es immer weiter. Wie die erste Fähigkeit wird auch diese besser, je mehr Sie üben.

Und bei dieser Strategie geht es nicht nur um Einbildung. Es geht darum, eine tatsächliche Energieverschiebung zu erzeugen, die Sie in Echtzeit spüren können. Der Prozess wird im Folgenden aufgeschlüsselt.

Schritt 1: Setzen Sie sich eine feste Absicht

Als Erstes müssen Sie die Absicht formulieren, um alle negativen und toxischen Energien aus Ihrem System freizusetzen und alles, was Sie von der Aura anderer Menschen aufgenommen haben, abzuweisen. Sie können Ihre Absicht zum Beispiel formulieren, indem Sie sagen: „Ich lasse alle Energie, die mir nicht mehr dient, aus meinem System los, egal ob sie von mir selbst oder von anderen stammt. Ich tue dies, um mein höheres Ziel zu erreichen." Alternativ können Sie Ihre Absicht auch selbst formulieren. Achten Sie nur darauf, dass sie mit Ihrem Vorhaben übereinstimmt, also mit dem Loslassen von toxischer Energie, Reststoffen und Energieblockaden.

Schritt 2: Einen Körper aus Licht erzeugen

Stellen Sie sich einen leuchtenden Ball aus goldenem Licht in der Mitte Ihrer Brust vor. Stellen Sie sich vor, wie sich das Licht ausdehnt und größer wird, wenn Sie ausatmen. Stellen Sie sich dann vor, wie sich das Licht beim Ein- und Ausatmen aus Ihrer Brust ausdehnt. Es sollte mit jedem Ausatmen größer werden.

Schritt 3: Verbreiten Sie das Licht

Stellen Sie sich vor, wie sich der Lichtball von einem Körperteil zum nächsten ausbreitet, bis er Ihren ganzen Körper bedeckt. Visualisieren Sie ihn in Ihrem Kopf, auf Ihren Armen, Ihrem Oberkörper, Ihren Zehen und anderen Körperteilen.

Schritt 4: Erweitern Sie das Licht

Stellen Sie sich vor, dass sich das Licht ausdehnt, bis es über Ihre Haut hinausgeht. Lassen Sie es sich ausdehnen, bis es eine Armlänge weit in alle Richtungen entfernt ist.

Schritt 5: Mit Abschirmung einpacken

Abschirmung bietet Ihnen eine Möglichkeit, eine schützende Hülle um sich herum zu bilden, um zu verhindern, dass Sie giftige Energie aus Ihrer Umgebung aufnehmen. Dadurch wird die Wahrscheinlichkeit, dass Sie später wieder unter Energieblockaden leiden, drastisch reduziert. Es geht relativ einfach. Stellen Sie sich einfach eine große Blase aus Licht um sich herum vor. Stellen Sie sich die Blase als einen festen Filter vor, der Ihren ganzen Körper vollständig bedeckt. Bitten Sie die Blase, als Schutzschild vor negativer Energie zu fungieren und gleichzeitig positive Energie und Liebe hineinzulassen. Stellen Sie sich vor, wie sich die Blase mit goldenem Licht füllt.

Das ist alles. Wie Sie sehen können, ist diese Methode kurz und einfach. Aber noch wichtiger ist, dass sie hochwirksam für die energetische Reinigung und Selbstheilung ist. Wenn Sie dieses Verfahren in Ihre täglichen Aktivitäten einbauen, werden Sie dadurch viel ruhiger, friedlicher und ausgeglichener. Außerdem werden Sie dadurch weniger reaktiv.

Sie können auch Mineralien verwenden, um alle Giftstoffe aus Ihrem Energiekörper zu entfernen. Nehmen Sie sich eine Tasse Meersalz und eine weitere Tasse Natron. Lösen Sie beides in einer warmen Wanne auf und lassen Sie sich darin einweichen, um Giftstoffe und Negativität zu vertreiben. Wenn Sie kein Vollbad nehmen möchten, können Sie sich auch ein einfaches Fußbad gönnen. Aber verwenden Sie nicht eine ganze Tasse für ein Fußbad. Reduzieren Sie sie auf eine viertel Tasse. Dies ist auch für die Erdung hilfreich.

Im nächsten Kapitel werden wir uns ansehen, wie Sie Ihren Astralkörper bewusst einsetzen können, um sich zu projizieren und die Astralebene zu bereisen, ohne sich dabei im Traumzustand befinden zu müssen.

Kapitel Fünf: Astralreisen

Ob Sie ihn nun Astralkörper, Energiekörper oder Traumkörper nennen wollen, Tatsache ist, dass Sie einen nicht-physischen Körper haben, mit dem Sie in die nicht-physischen Bereiche der Welt reisen können. Jeder Mensch hat einen Astralkörper. Die Erfahrung der Astralprojektion oder des Astralreisens ist universell. Verschiedene Menschen in unterschiedlichen Kulturen haben bereits über ihre außerkörperlichen Erfahrungen gesprochen. Es gibt eine weithin bekannte Geschichte über Zwillinge, die Astralreisen nutzten, um sich nach der Trennung bei der Geburt wiederzusehen.

Der subtile Körper des Energiefeldes ist derjenige, der sich während des luziden oder unbewussten Träumens in seine Geistform projiziert. Astralreisen und Träume sind miteinander verwoben und werden beide als außerkörperliche Erfahrungen wahrgenommen. Wenn Sie Ihren Astralkörper trainieren, kann er getrennt vom physischen Körper existieren und als Matrix für Ihr Bewusstsein dienen. Die Astralprojektion ist eines der spirituellen Trainingsmittel zur Kultivierung Ihres feinstofflichen Energiekörpers.

Eine außerkörperliche Erfahrung ist bei vielen Menschen typischerweise unfreiwillig. Vielleicht hatten Sie sogar schon einmal eine AKE, ohne es zu merken. Es gibt Berichte über Nahtoderfahrungen, bei denen Menschen plötzlich in einer nicht-physischen Form in der Nähe ihres Krankenhauszimmers schwebten. Zur gleichen Zeit arbeiteten die Ärzte daran, ihr Leben zu retten. AKEs werden typischerweise durch Traumata, Krankheiten und Wasser-, Nahrungs- und Schlafentzug ausgelöst.

Im Gegensatz zu wissenschaftlich anerkannten AKEs ist die Astralprojektion eine bewusste esoterische Praxis. Damit meine ich, dass es sich um etwas handelt, das Sie mit der Kraft Ihres Bewusstseins tun. Sie können die Astralprojektion also einfach als eine bewusste außerkörperliche Erfahrung bezeichnen. Wenn Sie eine Astralprojektion durchführen, transzendiert Ihr Astralkörper Ihren physischen Körper. Sie befinden sich im Grunde genommen in einem traumähnlichen Zustand und sind sich Ihrer Handlungen und Entscheidungen weiterhin voll bewusst. Dies kann durch Selbsthypnose und Meditation erreicht werden. In Ihrem Astralzustand können Sie durch Zeit, Raum und Dimensionen reisen. Das mag ein wenig wie etwas aus einem Superheldenfilm klingen. Es funktioniert bei Menschen, die daran arbeiten, sich tiefer mit dem Göttlichen zu verbinden. Weltweit ist die Astralprojektion als eine Möglichkeit zur Vertiefung der spirituellen Praktiken anerkannt.

Astralreisen bieten Ihnen eine Möglichkeit, um verschiedene Bereiche des Universums zu erkunden, um Ihre Verbindung mit der Quelle der kosmischen Energie zu stärken. Je mehr Sie die Astralebene bereisen, desto öfter werden Sie wahrscheinlich höherdimensionalen Wesen begegnen, die Ihnen helfen, Ihre spirituellen und persönlichen Ziele zu erreichen. Beachten Sie dabei, dass die astrale Dimension die Heimat vieler jenseitiger Wesen ist, die hoch- oder niedrigschwingend sein können.

Das Erlernen von Astralprojektion und Astralreisen ist nicht immer so einfach, wie Sie es in den Filmen aussieht. Es gibt keinen endgültigen Leitfaden für Astralreisende. Es gibt keine allgemeingültige Anleitung, die jeder verwenden kann, um Astralreisen zu lernen. Was bei einer Person funktioniert, muss bei Ihnen nicht unbedingt auch erfolgreich sein. Und selbst wenn es funktioniert, geht es vielleicht nicht so schnell wie bei der anderen Person. Jeder Mensch ist einzigartig, und das Gleiche gilt auch für seine Erfahrungen mit Astralreisen.

Das schließt nicht aus, dass es Grundlagen gibt, die jeder nutzen kann, um in seinem Astralkörper die Astralebene zu bereisen. Bevor Sie also Ihren spirituellen Pass erhalten und Ihre Reise beginnen, müssen Sie diese Grundlagen beherrschen. Wie Sie bereits wissen, ist konsequentes Training der Schlüssel zur Beherrschung zu allem, was die Esoterik betrifft.

Als Anfänger sollten Sie zunächst die Kunst des Meditierens beherrschen, ohne dabei zu dösen oder gar einzuschlafen. Noch bevor Sie Ihren Astralkörper projizieren, sollten Sie täglich mindestens 5 Minuten lang meditieren. Auf diese Weise lernen Sie, Ihren Geist zu beruhigen und zu fokussieren. Der Versuch einer ersten Projektion kann für die meisten Menschen beängstigend sein. Aber wenn Sie sich in einem Zustand der Ruhe und Konzentration befinden, ist es für alle weniger beunruhigend. Wenn Sie Ihren Ruhezustand nicht selbst finden können, verwenden Sie die Kristalle, die in einem früheren Kapitel beschrieben wurden, um Ihnen bei der Mediation zu helfen.

Nachdem Sie dazu in der Lage sind, durch Meditation in einen ruhigen Geisteszustand zu gelangen, sollten Sie vielleicht die Selbsthypnose lernen. Damit können Sie lernen, wie Sie in einen noch tieferen tranceähnlichen Zustand gelangen können. Je mehr Sie sich wie in Trance fühlen, desto besser stehen Ihre Chancen, Ihren Astralkörper zu projizieren und möglicherweise die nicht-physischen Dimensionen zu erforschen. Die Selbsthypnose ähnelt der Meditation, aber sie macht die Astralebene zugänglicher, so dass Sie sich mit anderen verbinden können. Der Hauptunterschied zwischen Meditation und Selbsthypnose für die Astralprojektion besteht darin, dass Sie sich bei der Selbsthypnose eine Absicht und ein bestimmtes Ziel setzen müssen. Ihre Absicht für das Entsenden Ihres Astralkörpers könnte zum Beispiel sein, dass Sie mit Ihrem Geistführer auf der Astralebene sprechen wollen.

Luzides Träume sind eine weitere Methode, die Sie für die Astralprojektion nutzen können. Da Sie Ihnen eine Möglichkeit bieten, um sich auf kontrollierte und absichtliche Weise auf Ihr Bewusstsein zu konzentrieren, helfen Ihnen luzide Träume auch beim Astralreisen. Wenn Sie gelernt haben, sich in den für die Projektion erforderlichen tranceähnlichen Zustand zu versetzen, müssen Sie sich als Nächstes auf Ihren Astralkörper einstimmen und über den physischen Bereich hinausgehen.

Bevor Sie versuchen zu reisen, hilft es, wenn Sie zunächst die Projektion beherrschen. Versuchen Sie während der Meditation oder Selbsthypnose zu beobachten, wie Ihr Geist aus der materiellen Form aufsteigt. Sobald Sie diese Übung beherrschen, können Sie sich umdrehen und Ihren physischen Körper betrachten. Denken Sie daran, dass dies nicht über Nacht möglich wird. Um erfolgreich zu sein, müssen Sie viel und regelmäßig üben. Vielleicht brauchen Sie sogar mehrere

Meditationssitzungen, bevor Sie Ihre Astralform von Ihrer materiellen Form abheben können. Lassen Sie sich davon nicht entmutigen.

Sobald Sie sich in Ihrem Astralkörper wohl fühlen, können Sie die Astralebene betreten und erkunden. Sie können Ihre Astralreisen auch dann beginnen, wenn Sie nicht auf der Astralebene reisen wollen, kein Problem. Ihre Astralform ermöglicht Ihnen viel mehr als nur das. In Ihrer Astralform können Sie den grenzenlosen Raum jenseits der materiellen Welt erkunden.

Wenn Sie sich fragen, was Sie vom Erlernen der Astralprojektion haben, lassen sich viele Vorteile hervorheben. Erstens können Sie mithilfe Ihrer Astralform zum Ort der Akasha-Aufzeichnungen reisen. Dort finden Sie alle Informationen über Ihre vergangenen Leben und Ihr früheres Selbst. Sie können auch Informationen über Ihre Zukunft finden. Die Akasha-Aufzeichnungen sind die Heimat des unendlichen Wissens. Wenn Sie auf die Aufzeichnungen zugreifen, können Sie die Informationen, die Sie dort erhalten, nutzen, um Ihr Leben zu verbessern und Ihre persönliche Entwicklung zu beschleunigen.

Ein weiterer Vorteil der Astralprojektion ist der, dass sie Ihnen bei der körperlichen und geistigen Heilung hilft. Erinnern Sie sich, dass ich gesagt habe, dass der Energiekörper die Vorlage für Ihre materielle Form ist? Ich sagte auch, dass alles, was im physischen Körper geschieht, zuerst im Energiefeld beginnt. Wenn Sie sich in Ihrer Astralform befinden, haben Sie direkten Zugang zu Ihrer Aura oder Ihrem Energiefeld. In dieser Erscheinungsform können Sie Ihr aurisches Feld auf eventuelle Blockaden oder sich aufbauende Krankheiten untersuchen. Wenn sich in einer Ihrer Auraschichten eine Krankheit bildet, können Sie das bei der Untersuchung in Ihrer Geistform feststellen. Sie können nicht nur jede sich entwickelnde Krankheit untersuchen und entdecken, sondern auch Ihre aurischen Schichten behandeln und heilen, bevor sich die Krankheit in Ihrem materiellen Körper manifestiert.

Das ist aber noch nicht alles. Nehmen wir einmal an, eine Krankheit manifestiert sich in Ihrem physischen Körper, bevor Sie es überhaupt bemerken. In solchen Fällen können Sie in Ihre Astralform eintreten, um sie mit Ihrer Energie zu heilen. Die Astralprojektion kann Ihnen helfen, Ihre vergangenen Leben zu erforschen, Ihre persönliche und spirituelle Entwicklungsreise zu beschleunigen und sich von Krankheiten zu heilen.

Der vielleicht wichtigste Vorteil der Astralprojektion ist der, dass Sie sich mit Ihren Geistführern in astraler Form verbinden und mit ihnen kommunizieren können. Das heißt, Sie können Ihre Geistführer sehen und mit ihnen sprechen. Das ist eine seltene Gelegenheit für Sie, um sich über alles, was Sie beschäftigt, Rat und Unterstützung zu holen.

Auf der Astralebene finden Sie nicht nur Geistführer. Sie können auch die Geister Ihrer verstorbenen Angehörigen finden. Wenn Sie also geliebte Menschen haben, die Sie gerne treffen und möglicherweise befragen möchten, bietet Ihnen der Besuch der Astralebene eine Möglichkeit, um dies zu tun. Ich könnte Ihnen noch viel mehr über die Vorteile der Astralprojektion erzählen, aber ich bin sicher, Sie verstehen jetzt langsam, worauf ich hinauswill.

Nun, da Sie wissen, was Astralprojektion und Reisen sind und was sie beinhalten, müssen wir darüber sprechen, wie Sie beides praktizieren können, um die Vorteile zu nutzen, die wir gerade besprochen haben?

Es gibt viele Methoden, die Sie lernen können, um mit der Astralprojektion zu beginnen. Wir haben gleich Dutzende davon. Aber Sie sollten wissen, dass nicht alle von ihnen so effektiv funktionieren, wie sie sollten. Doch zwei Ansätze sind allen diesen Möglichkeiten eigen.

Die erste besteht darin, dass Sie Ihren Körper zum Schlafen verführen, während Ihr Geist hellwach ist. Dieser Ansatz ist knifflig, denn Ihr Geist will immer das tun, was Ihr Körper gerade auch tut. Dieser Ansatz zielt darauf ab, Ihren Körper allmählich zu immer tieferer Entspannung zu verführen, ohne dass der Geist ebenfalls in die Bewusstlosigkeit abgleitet. Der zweite Ansatz besteht darin, Ihren Körper in den Schlafzustand eintreten zu lassen und dann Ihren Traumkörper aus Ihrer materiellen Form herauszurollen.

Weise Yogis pflegten, zwei Frösche aneinander zu binden, kurz bevor sie in den Schlafzustand eintraten. Die gebundenen Frösche würden unablässig Geräusche machen, während der Yogi schläft. Die Yogis nutzten das Geräusch, um ihr Bewusstsein/ihren Geist wach zu halten, auch wenn der Körper in den Schlaf driftete. Schließlich traten sie so in einen luziden Traumzustand ein, oder waren in der Lage in der Astralform den Körper zu verlassen.

Die meisten Methoden der Astralprojektion folgen diesen Ansätzen. Im Folgenden erkläre ich Ihnen die effektivsten Übungen zur Astralprojektion und wie Sie sie richtig anwenden können.

Die Methode des Monroe-Instituts

Diese Methode wurde von Bob Monroe entwickelt, einem führenden Forscher auf dem Gebiet des menschlichen Bewusstseins. Sie ist in seinem Werk „Journeys Out of the Body" (Reisen aus dem Körper heraus) enthalten. Monroe beschreibt darin detailliert und Schritt für Schritt, wie man sich astral projizieren kann. Die Methode ist eine, die Monroe persönlich für Astralreisen verwendet hat. Sie können sich mit dieser Methode in nur sieben Schritten astral projizieren.

Schritt 1: Meditationszustand

Machen Sie eine kurze Meditationsübung, um sich in einen entspannten Zustand zu versetzen - körperlich und geistig. Die Entspannung Ihres Körpers und Geistes ist die Grundlage für die Astralprojektion. Sie können auch eine kurze Atemübung machen, um sich in einen entspannten Zustand zu versetzen.

Schritt 2: Hypnagogischer Zustand

Versetzen Sie sich in einen hypnagogischen Zustand. Mit anderen Worten: Versetzen Sie sich in einen Halbschlafzustand, in dem Sie weder schlafen noch wach sind. Sie können dies tun, indem Sie einen Unterarm hochhalten, während der Oberarm auf dem Boden oder auf dem Bett ruht. Wenn der Schlaf eingeleitet wird, fällt Ihr Arm nach unten und weckt Sie dadurch immer wieder auf. Mit konsequenter Übung werden Sie schließlich lernen, in den hypnagogischen Zustand zu gelangen, ohne Ihren Arm dabei zu benutzen.

Eine andere Möglichkeit, um in diesen Zustand zu gelangen, besteht darin, ein Objekt auszuwählen, auf das Sie sich konzentrieren können. Wenn neben dem Objekt, auf das Sie sich konzentrieren, weitere Bilder in Ihren Kopf eindringen, haben Sie den Halbschlafzustand erfolgreich herbeigeführt. Beobachten Sie die Bilder passiv, um den Halbschlafzustand beizubehalten.

Schritt 3: Beinahe-Schlaf

Vertiefen Sie den Nahschlafzustand. Befreien Sie dazu Ihren Geist und beobachten Sie Ihr Blickfeld mit geschlossenen Augen. Tun Sie eine Zeit lang nichts anderes. Schauen Sie dann durch die Schwärze vor Ihren geschlossenen Augenlidern. Sie sollten anfangen, Lichtmuster zu bemerken. Diese haben nichts mit dem Prozess zu tun, denn es handelt sich lediglich um neuronale Entladungen Ihrer Augen. Ignorieren Sie sie also, bis sie aus Ihrem Blickfeld verschwinden.

Wenn dies geschieht, bedeutet dies, dass Sie einen tieferen Zustand der Entspannung erreicht haben. Von diesem Punkt an treten Sie in einen Zustand ein, in dem Sie die körperlichen Empfindungen in Ihrem Körper nicht mehr wahrnehmen. Es kann sein, dass Sie das Gefühl haben, sich in einer sinnlichen Leere zu befinden, in der Ihre Gedanken die einzige Quelle der Stimulation sind. Bei diesem Schritt geht es darum, den geistigen Empfindungen Vorrang vor den körperlichen Empfindungen einzuräumen. Wenn Sie noch körperliche Reize spüren, bedeutet dies, dass Sie noch nicht in den gewünschten Zustand eingetreten sind.

Schritt 4: Zustand der Vibration

Versetzen Sie sich in einen Schwingungszustand, in dem Sie auf die Schwingungen um Sie herum aufmerksam werden. Wenn Sie sich in einem Zustand tiefer Wachsamkeit befinden, werden die Schwingungen verstärkt. Dies wird als der kritischste Schritt bei dieser Methode angesehen und kann über den Erfolg oder Misserfolg Ihres Versuchs der Astralprojektion entscheiden. Die Schwingungen können sich wie ein leichtes Kribbeln in Ihrem Körper anfühlen. Sie können aber auch intensiver sein, so dass Sie das Gefühl haben, als ob Stromstöße durch Ihren Körper jagen würden. Im Grunde genommen ist dies ein Zeichen dafür, dass Ihr Astralkörper versucht, sich aus dem materiellen Körper zu lösen.

Bevor Sie in den Schwingungszustand eintreten, vergewissern Sie sich, dass Sie keinen Schmuck tragen. Legen Sie alle Gegenstände ab, die direkten Kontakt mit Ihrer Haut haben. Sorgen Sie dafür, dass der Raum so dunkel ist, dass Sie das Licht nicht mehr durch Ihre Augenlider sehen können. Aber schließen Sie nicht jede Lichtquelle aus. Legen Sie sich auf den Boden und richten Sie Ihren Kopf nach Norden. Legen Sie alle Kleidung ab, aber lassen Sie sich bedeckt, damit Ihnen nicht kalt wird. Die Wärme sollte sich für Sie ein wenig unangenehm anfühlen. Stellen Sie sicher, dass Sie sich in einem Raum befinden, in dem Sie niemand stören oder unterbrechen kann. Wenn möglich, schließen Sie die Tür zum Schutz vor Unterbrechungen ab.

Schritt 5: Regulieren Sie den Schwingungszustand

Kontrollieren Sie Ihren Schwingungszustand, indem Sie die Schwingungen geistig in Ihren Kopf leiten. Lassen Sie sie von dort aus bis zu Ihren Zehen wandern. Spüren Sie die Welle, wenn sie Ihren ganzen Körper durchläuft und Sie von oben nach unten

Schwingungswellen erzeugen. Sie sollten dadurch einen Energiewelleneffekt erzeugen.

Konzentrieren Sie sich dabei auf die Schwingungen in Ihrem Körper. Stellen Sie sich eine Welle von Schwingungen vor, die von Ihrem Kopf ausgeht, und leiten Sie sie auf den Rest Ihres Körpers über. Wiederholen Sie diesen Schritt, bis Sie in der Lage sind, die Wellen auf Kommando zu erzeugen. Wenn Sie diese Methode beherrschen, bedeutet dies, dass Sie den Punkt erreicht haben, an dem Sie Ihren Körper verlassen können.

Schritt 6: Teilweise Abtrennung

In dieser Phase müssen Sie Ihre Gedanken kontrollieren. Sie müssen Ihren Geist auf die Vorstellung konzentrieren, dass Sie Ihren Körper verlassen. Lassen Sie nicht zu, dass Ihre Gedanken zu etwas anderem abschweifen. Umherschweifende Gedanken könnten dazu führen, dass Sie die Kontrolle über Ihren aktuellen Zustand verlieren. Wenn Sie in der richtigen Schwingungslage sind, können Sie mit der teilweisen Trennung beginnen, indem Sie zunächst versuchen, einen Teil Ihrer Astralform loszulassen. Dies könnte zum Beispiel einer Ihrer Füße oder Hände sein.

Sie können eine Gliedmaße anheben, bis Sie spüren, dass sie eine vertraute Oberfläche oder einen Gegenstand berührt. Dann können Sie Ihre Gliedmaße durch die Oberfläche oder den Gegenstand drücken. Danach kehren die Gliedmaße in die physische Form zurück. Wenn Sie dies erfolgreich getan haben, reduzieren Sie die Vibrationen in Ihrem Körper, bis Sie sich nicht mehr in diesem Zustand befinden. Beenden Sie die Sitzung und legen Sie sich ruhig hin, bis Sie sicher sind, dass Sie wieder Ihr normales körperliches Selbst sind.

Wenn Sie zunächst eine teilweise Trennung durchführen, bereiten Sie sich gut auf die vollständige Trennung vor.

Schritt 7: Eine vollständige Trennung vom physischen Körper

Lösen Sie sich vollständig von Ihrer materiellen Form. Sie können dies auf zwei Arten tun. Eine Möglichkeit ist, sich sanft aus dem physischen Körper zu lösen. Dazu müssen Sie sich vorstellen, wie Sie immer leichter werden, sobald Sie in den Schwingungszustand eingetreten sind. Stellen Sie sich vor, wie Sie sich fühlen würden, wenn Sie nach oben schweben würden. Lassen Sie diesen Gedanken in Ihrem Geist, während Sie in dem Schwingungszustand bleiben. Erlauben Sie keinen anderen fremden Gedanken, die Vorstellung aus Ihrem Geist zu vertreiben. In diesem Moment werden Sie auf ganz natürliche Weise eine außerkörperliche Erfahrung machen.

Die zweite Möglichkeit besteht darin, sich aus Ihrem Körper herauszurollen. Dies ist als die Rotations- oder Rollout-Methode bekannt. Wenn Sie sich in der Schwingungsphase befinden, stellen Sie sich vor, wie Sie sich aus Ihrem materiellen Körper herausrollen, so ähnlich, als wollten Sie sich im Bett umdrehen. Achten Sie darauf, dass Sie dies nicht physisch tun - rollen Sie sich virtuell aus Ihrer physischen Form heraus und in die astrale Form hinein. Sie werden sich neben Ihrem physischen Körper wiederfinden, der nun regungslos daliegt. Stellen Sie sich vor, wie Sie nach oben schweben, und Sie sollten spüren, wie Sie zu schweben beginnen.

Herzlichen Glückwunsch, Sie haben erfolgreich eine Astralprojektion erlebt. Jetzt, wo Sie sich in Ihrer Astralform befinden, können Sie tun und lassen, was Sie wollen. Erkunden Sie die Astralebene oder besuchen Sie Ihren Lieblingspromi in Ihrer Astralform. Es gibt keine Grenzen, wohin Sie es Sie in Ihrem Astralzustand treiben kann.

Luzide Träume

Wie ich bereits erwähnt habe, bietet Ihnen das Herbeiführen eines Zustandes des luziden Träumens eine weitere Möglichkeit, in Ihre Astralform zu gelangen und die Astralebene zu bereisen. Für das luzide Träumen gibt es viele eigene Strategien, die zu diesem Zweck eingesetzt werden können. Einige wurden dazu entwickelt, um Sie darauf zu konditionieren, während eines luziden Traumes im Geiste aufzuwachen. Andere helfen dem Geist dabei, gleich luzide zu werden, während der Körper in den Schlafzustand übergeht.

In dem Moment, in dem Sie den Traumzustand erreichen, erlangen Sie Luzidität. Sie können sich das luzide Träumen durch Wiederholungen antrainieren. Eine mögliche Methode besteht darin, dass Sie sich wochenlang mehrmals am Tag zu fragen: „Bin ich in einem Traum?" oder „Ist dies ein Traum?" Diese Frage wird immer wieder gestellt, so dass sie sich in dem Teil Ihres Gehirns festsetzt, in dem Sie Lieder und Mantras speichern. Sie wird zu einer Gewohnheit, die sich zu wiederholen beginnt. Schließlich wird Ihr Verstand Ihnen diese Frage auch während eines tatsächlichen Traums stellen. Wenn Sie antworten: „Ja, dies ist ein Traum", erlangen Sie dadurch automatisch Luzidität.

Der REM-Schlaf (Rapid Eye Movement oder „schnelle Augenbewegung") bietet Ihnen die beste Chance, luzide zu werden, während Sie sich bereits in einem Traumzustand befinden. Die REM-Phase tritt in den ersten zwei Stunden nach dem Einschlafen ein. Sie findet auch in den letzten zwei Stunden vor dem Aufwachen statt. Das Aufwachen und Wiedereinschlafen während der Nacht ist eine Möglichkeit, die Zeitspanne des REM-Schlafs zu verlängern. Mit dieser Schlaf-Wach-Technik können Sie den Wecker so einstellen, dass er Sie in bestimmten Abständen während der Nacht aufweckt. Dann kehren Sie in den Schlaf zurück, mit der Absicht, Ihren Geist wach zu halten. Wenn Sie während eines Traums aufwachen, schlafen Sie sofort wieder ein - versuchen Sie, mit einem luziden Geist in den Traum zurückzukehren.

Sobald Sie Vertrauen in Ihre Fähigkeit zur Astralprojektion gewonnen haben, können Sie damit beginnen, sich durch die Astralebene zu bewegen. Mit jedem erfolgreichen Versuch wird der astrale Zustand für Sie dadurch leichter zugänglich.

Wann immer Sie die Astralebene besuchen, werden Sie verschiedenen Energiewesen begegnen. Nicht alle diese Wesen sind Ihnen freundlich gesinnt. Einige sind vielleicht dazu da, Ihnen Energie abzusaugen. Um dies zu vermeiden, setzen Sie sich am besten eine Absicht, bevor Sie die Astralebene betreten. Sie sollten ein bestimmtes Ziel vor Augen haben. Sie können sich zum Beispiel vornehmen, einen geliebten Menschen zu sehen, der kürzlich verstorben ist. Sie können sich alternativ auch vornehmen, Ihre Geistführer zu sehen, eine Erinnerung aus der Vergangenheit wiederzubeleben, in die Zukunft zu sehen oder Antworten auf Fragen zu Ihrer spirituellen Entwicklung zu finden. Die genaue Absicht kann vor oder nach Ihrer Astralreise festgelegt werden. Sobald Sie sich mit Ihrem astralen Selbst verbunden haben, können Sie sich bewusst an einen bestimmten Ort in der astralen Dimension entsenden.

Wenden Sie nach jeder erfolgreichen Projektion und Reise die Energiereinigungsmethoden aus dem vorigen Kapitel an, um unerwünschte Energie, die Sie auf der Astralebene aufgenommen haben, loszulassen

Als jemand, für den Astralreisen neu sind, werden Sie vielleicht feststellen, dass Sie nicht so leicht in die Astralwelt eintreten können, wie hier beschrieben. Das ist normal. Es kann auch sein, dass Sie Ihr Ziel nicht schon bei den ersten paar Versuchen erreichen. Aber keine Sorge - je mehr Sie üben, desto besser werden Ihre Fähigkeiten.

Gibt es außer den Astralreisen noch eine weitere übersinnliche Fähigkeit, an deren Entwicklung Sie arbeiten können? Finden Sie es im nächsten Kapitel heraus.

Kapitel Sechs: Beginnen Sie Ihre Übungen zur Medialität

Die Medialität ist die psychische Praxis, bei der es darum geht, Informationen aus der Geisterwelt in die physische Welt zu bringen. Ein Medium ist jeder, der dazu in der Lage ist. Diese übersinnliche Fähigkeit wird Medialität genannt, weil das Medium im Wesentlichen als Vermittler fungiert, als ein Gefäß, durch das die Geister Botschaften an die Menschen hier auf der Erde übermitteln können. Obwohl Sie in Filmen vielleicht gesehen haben, dass Medien Menschen sind, die mächtige Magie anwenden, ist das nicht richtig.

Jeder Mensch, auch Sie, wird mit der Fähigkeit geboren, ein Medium zu sein. Solange Sie eine Seele mit übersinnlichen Sinnen haben, verfügen Sie über diese angeborene Gabe. Es kommt darauf an, ob Sie diese Fähigkeit schlummern lassen oder ob Sie daran arbeiten, sie zu verfeinern, damit sie Ihnen und den Menschen um Sie herum zugutekommt. Jede übersinnliche Fähigkeit kann durch Übung gestärkt werden.

Stellen Sie sich Ihre psychischen Fähigkeiten wie die Muskeln Ihres Körpers vor. Wenn Sie ins Fitnessstudio gehen, um Ihre Muskeln zu trainieren, wölbt sich der Bizeps und kommt zum Vorschein. Das macht Sie stärker. Genauso verhält es sich mit dem übersinnlichen Sinn, der mit Ihren übersinnlichen Fähigkeiten verbunden ist. Sie sind sich dessen vielleicht nicht bewusst, aber diese Fähigkeiten sind in Ihnen. Wenn Sie daran arbeiten, werden auch sie zum Vorschein kommen.

Vielleicht haben Sie schon in jungen Jahren eine oder mehrere Erfahrungen mit Geistern gemacht. Ich erinnere mich, dass ich meinen ersten Geist gesehen habe, als ich erst zarte 6 Jahre alt war. Manchmal kann sich Ihre Fähigkeit, Geister zu sehen, zu hören und mit ihnen zu interagieren, von selbst manifestieren. Manchmal wird sie durch ein traumatisches Erlebnis, wie den Verlust eines geliebten Menschen ausgelöst, der als Schlüssel gilt, um den Weg zu dieser Fähigkeit zu öffnen. Dies geschieht in der Regel, weil der verstorbene geliebte Mensch Ihnen oder jemandem, den er zu Lebzeiten kannte, eine wichtige Botschaft zu übermitteln hat. Wenn Ihr primärer übersinnlicher Sinn die Hellfühligkeit ist, fällt Ihnen die Medialität leichter.

Wenn Sie das Gefühl haben, dass Sie Zeichen von jemandem auf der anderen Seite erhalten, erkennen Sie diese an und lassen Sie sie wissen, dass Sie ihre Zeichen erhalten haben. Wenn Sie die Botschaften anerkennen, ist die Wahrscheinlichkeit größer, dass Sie weitere Zeichen erhalten. Dann können Sie sich weiter mit den Wesen unterhalten. Manchmal besuchen die Geister Sie auch, anstatt Ihnen Zeichen zu senden.

Der Beginn Ihrer Medialität ist eines der bemerkenswertesten Dinge, die Sie als Hellseher erleben können. Das erste Mal, wenn Sie sich mit der Geisterwelt verbinden, wird sich surreal und magisch anfühlen. Sie werden von einem Gefühl des Friedens und der Ruhe erfüllt sein, dass Sie so möglicherweise noch nie zuvor verspürt haben. Das Gefühl geht über den Eindruck des inneren Friedens hinaus. Es spiegelt sich körperlich als ein Gefühl von reiner Liebe, von Frieden und Akzeptanz wider.

Aufgrund von Filmen, die wir in unserer Kindheit gesehen haben, sind wir darauf konditioniert worden zu glauben, dass Geister im Allgemeinen bösartige Wesen sind, die uns schaden wollen. In Wirklichkeit sind sie die Geister von Menschen, die wir zu Lebzeiten kannten. Wie könnten sie uns also etwas antun wollen? Sie haben absolut keinen Grund, sich vor Geistern zu fürchten. Sie können Ihnen physisch nichts antun. Das Einzige, was sie tun können, ist, seltsame Energieschwingungen und Gefühle in Ihnen zu wecken. Ansonsten sind sie harmlos, und das ist auch gut so.

Wie sind Sie in der Lage, mit Geistern zu kommunizieren?

Geister sind Wesen, die nach ihrem Tod noch nicht auf die andere Seite übergehen konnten. Daher bewegen sie sich immer noch im Bereich desselben Elements wie Sie, dem Element der Erde. Aus diesem Grund können Sie mit ihnen kommunizieren. Selbst nach dem Tod leben unsere Geister oder Seelen weiter. Der Körper mag sterben, aber die Seele nicht, weshalb viele Menschen frühere Leben haben. Wenn manche Menschen sterben, bleibt ihr Geist aufgrund von etwas Sinnvollem, einer Aufgabe an die Erde gefesselt. Dadurch bleiben sie auf der Astralebene gefangen, von wo aus sie leicht auf die Erde herunterkommen können. Manche brauchen Medien, um die Kraft zu kontrollieren, die sie im Erdelement festhält.

Wenn Sie sich fragen, warum Sie überhaupt mit Geistern kommunizieren sollten, müssen Sie wissen, dass es dafür verschiedene Gründe gibt. Eines der grundlegenden Dinge, die Sie als Medium verstehen müssen, ist, dass die Geisterwelt voll von Geistführern ist, die Ihnen immens nützen können, wenn Sie auf ihre Zeichen achten. Geister sind nicht die einzigen Geistwesen. Die Medialität geht über die Kommunikation mit Geistern hinaus. Ein Medium zu sein bedeutet, dass Sie mit so gut wie jedem Geistwesen kommunizieren können, auch mit den am höchsten schwingenden Geistern. Aus Ihrer Verbindung zu Geistern und der Geisterwelt können Sie eine Menge lernen. Diese besondere Verbindung kann Ihnen in verschiedenen Phasen Ihres Lebens weiterhelfen.

Das Gute an der Medialität ist, dass Sie sie ganz allein erlernen können. Es gibt jedoch ein paar Dinge, die ich Menschen, die gerade erst mit dem Erlernen der Medialität beginnen, immer rate.

Erstens: Beginnen Sie Ihre Entwicklung der Medialität nicht mit Hilfsmitteln wie einem Pendel oder einem Ouija-Brett. Wenn Sie nicht zuerst trainieren, wie Sie sich ohne Hilfsmittel verbinden können, könnten Ihre Fähigkeiten von den Hilfsmitteln abhängig werden. Ein solcher Präzedenzfall ist gefährlich für Ihre weitere Entwicklung in der spirituellen Praxis. Aber was die Situation noch gefährlicher macht, ist, dass diese Hilfsmittel ein Portal zu den Geistern öffnen. Das bedeutet, dass jeder Geist, nicht nur derjenige, mit dem Sie kommunizieren wollen, durch dieses Portal kommen kann.

Ja, natürlich können Ihnen die Geister keinen körperlichen Schaden zufügen oder Sie verletzen. Das Problem ist aber, dass Sie eine Menge

Geister um sich herumhaben werden, die mit ihrer Energie verbunden sind.

Zweitens: Achten Sie darauf, dass Sie Ihren Fokus nicht verlieren. Die Fähigkeit, konzentriert zu bleiben ist ein wichtiges Werkzeug für jedes Medium. Sie müssen genau und konzentriert sein, wenn Sie mit einem Geist kommunizieren. Der Prozess erfordert eine Menge Konzentration, denn das Öffnen eines Portals zur Geisterwelt kostet Sie viel Energie. Es ist eine ganze Menge Arbeit. Wenn Sie sich nicht auf den Geist konzentrieren, mit dem Sie sich verbinden wollen, kann es passieren, dass Sie versehentlich einen anderen Geist „channeln", der Ihnen nicht weiterhilft. Nachdem Sie viel Energie verbraucht haben, kann es Ihnen schwerfallen, sich erneut zu konzentrieren und den eigentlich gewünschten Geist anzurufen.

Drittens: Hören Sie auf Ihr Bauchgefühl. Ein Versuch, auf die eigene Intuition zu hören, scheitert bei den meisten Medien selten. Manchmal kommunizieren die Geister mit Ihnen durch Ihr Bauchgefühl. Wenn Ihr Geistführer Ihnen etwas Dringendes mitteilen möchte, spüren Sie vielleicht ein starkes Gefühl in Ihrem Bauch. Das ist so, als ob Sie eine neue Person kennenlernen und den starken Drang verspüren, ihr Ihre Kontaktdaten mitzuteilen, obwohl Sie das normalerweise nicht tun würden. Das ist Ihr Geistführer, der Sie durch Ihr Bauchgefühl zum Kontakt auffordert.

Um richtig wahrzunehmen, was Ihr Inneres zu sagen hat, müssen Sie Ihren Geist beruhigen. Daher lautet mein vierter Ratschlag, dass Sie Ihren Geist immer erst zur Ruhe bringen sollten. Sie können die Geister nicht hören, wenn es in Ihrem Kopf zu viel Lärm und Geplapper gibt. Es gibt verschiedene Möglichkeiten, um Ihren Geist zu beruhigen. Finden Sie heraus, was für Sie am besten funktioniert. Sie können zum Beispiel in der Natur spazieren gehen, tief durchatmen, Ihr Telefon ausschalten und natürlich meditieren. Sobald Sie einen ruhigen Geisteszustand erreicht haben, können Ihre Geistführer Sie treffen und Ihnen Hilfe und Führung anbieten.

Achten Sie auf Ihre Träume, denn manchmal senden die Geister Botschaften durch das Traumportal. Die Kommunikation mit Geistern durch Träume ist eine reale Sache. Das gilt insbesondere für Geister, die sich noch in der frühen Phase ihres Übergangs befinden. Wenn sie erfolgreich auf die andere Seite hinübergegangen sind, können sie Sie nur durch Träume kontaktieren. Meistens erscheinen sie in Ihrem

Traum, um Sie wissen zu lassen, dass sie an einem sicheren Ort sind. Oder sie erscheinen, um Sie vor etwas zu warnen, das in der Zukunft passieren wird.

Schließlich rate ich Ihnen auch, dass Sie das Tagebuchschreiben zu einem wichtigen Teil Ihrer medialen Reise machen. Schreibmeditationsübungen können Ihnen helfen, mit Geistern zu kommunizieren. Es ist ganz einfach.

- Zünden Sie eine weiße Kerze an. Setzen Sie sich bequem hin. Schließen Sie die Augen und atmen Sie tief ein. Atmen Sie dann aus. Machen Sie dies einige Sekunden lang weiter.
- Sagen Sie laut, dass Sie sich mit den höher schwingenden Wesen verbinden möchten, die Ihnen als Weggefährten zur Verfügung stehen.
- Atmen Sie als Nächstes tief durch und lassen Sie Ihre Hände dabei locker und entspannt. Schreiben Sie dann alles auf, was die Geister zu Ihnen sagen. Sie sprechen oft schnell, also seien Sie nicht beunruhigt, wenn Sie genauso schnell schreiben müssen.

Wenn Sie all diese Tipps befolgen, werden Sie keine Probleme damit haben, sich mit der Geisterwelt in Verbindung zu setzen. Dennoch kann es sein, dass Sie Schwierigkeiten dabei haben, eine Verbindung herzustellen. Machen Sie sich deswegen keinen Stress. Denken Sie daran, dass das Ganze ein langer Prozess ist und dass Sie nicht unbedingt bei den ersten Versuchen Fortschritte machen werden. Nur weil Sie sofort eine Verbindung herstellen wollen, heißt das noch lange nicht, dass Sie es auch schaffen. Es kann Jahre dauern, bis Sie dieses Verfahren perfektioniert haben.

Wie man sich auf die Geisterwelt einstimmt

Die Einstimmung auf die Geisterwelt ist relativ einfach. Es hängt alles davon ab, wie lange Sie sich schon mit übersinnlichen Aktivitäten befassen. Nehmen wir einmal an, Sie haben Ihre übersinnlichen Sinne trainiert und Ihre Intuition geschärft. In diesem Fall wird es Ihnen nicht so schwerfallen wie jemanden, der dies zum ersten Mal versucht.

Der Versuch, eine Verbindung mit der geistigen Welt herzustellen ist wie die Einstimmung auf eine bestimmte Radiofrequenz. Wenn Sie sich auf den Geist einstimmen, erhöhen Sie Ihre Schwingungsenergie. Aber die Geister senken ihre Schwingungsfrequenz, damit Sie sich mit ihnen verbinden können. Sie beide treffen sich dann in der Mitte wieder.

Es gibt drei wichtige Regeln, die Sie nie vergessen dürfen, wenn Sie sich auf die Geisterwelt einstimmen wollen.

1. Ihre Reise in die Geisterwelt ist einzigartig für Sie. Sie müssen dies respektieren und ehren.
2. Sagen Sie immer genau, was Ihnen begegnet. Sie haben keinen Grund, sich vor dem zu verstecken, was Sie sehen, wenn Sie sich mit der Geisterwelt verbinden wollen. Wenn Sie sich verstecken, werden Sie wahrscheinlich wertvolle Informationen verlieren, die Ihrer Reise einen Sinn geben könnten.
3. Vertrauen Sie dem, was Ihnen als Erstes erscheint, nachdem Sie das Portal zur Geisterwelt öffnen. Das Erste, was Sie sehen, gibt Ihnen wahrscheinlich die genauesten Informationen.

Im Folgenden finden Sie fünf Schritte, mithilfe derer Sie sich auf die geistige Welt einstimmen können.

- **Setzen Sie sich eine feste Absicht**: Sagen Sie laut, dass Sie das Geisterportal öffnen möchten, um mit einem bestimmten Geist in der spirituellen Welt zu kommunizieren und Botschaften von ihm zu empfangen. Kommunizieren Sie, ob Sie die Verbindung für einen persönlichen Zweck oder im Namen einer anderen Person herstellen wollen. Das Universum hört, wenn Sie Ihre Absicht laut aussprechen, und die Geister in der spirituellen Welt hören Sie ebenfalls.

- **Meditieren Sie:** Eine einfache Meditations- oder Atemübung, um Ihren Geist zu beruhigen, ist bei den Vorbereitungen ein notwendiger Schritt. Bringen Sie mit Ihrer täglichen Meditationstechnik Ihr logisch denkendes Gehirn dazu, sich zunächst zu beruhigen. Dies ist entscheidend für eine schnelle und klare Verbindung mit den Geistern.

- **Hören Sie zu:** Achten Sie aufmerksam auf Zeichen, Symbole oder Botschaften aus der Geisterwelt. Die Botschaft kann in Form von Liedern, Bildern, Geräuschen oder etwas anderem zu Ihnen kommen. Manchmal erhalten Sie die Botschaft nicht einmal sofort. Achten Sie also auf die Geschehnisse, die sich im Laufe Ihres Tages ereignen. Jeder Zufall, der sich ereignet, ist vielleicht gar kein Zufall.

- **Zeichnen Sie sich einen Lesebildschirm auf:** Wenn Sie hellsichtig sind, benötigen Sie einen sogenannten Lesebildschirm, um die Botschaften des Geistes zu empfangen. Auf dem Bildschirm finden Sie dabei alle Informationen, die der Geist in Form von Bildern und Symbolen für Sie bereithält. Stellen Sie sich mit Hilfe Ihres dritten Auges eine riesige Filmleinwand vor, die sich vor Ihnen befindet. Befestigen Sie ein Erdungskabel an der Leinwand und verankern Sie es im Kern der Erde. Stellen Sie nun eine Frage oder bitten Sie darum, eine Botschaft von dem Geist zu erhalten. Achten Sie darauf, dass Sie keinen fordernden Tonfall anschlagen. Seien Sie nicht ungeduldig - lassen Sie die Antwort in Ruhe zu Ihnen kommen.

Je mehr Sie üben, desto leichter fällt es Ihnen, sich mit dem Geistportal zu verbinden. Um Ihnen bei dem Erreichen einer starken Verbindung zu helfen, finden Sie hier einige Tipps.

- Benutzen sie nicht das sogenannte „smudging", das Räuchern mit Salbei, kurz bevor Sie sich mit einem Geist verbinden wollen. Salbei ist ein altes Kraut, das oft verwendet wird, um Geister zu vertreiben. Wenn Sie Salbei verwenden, bevor Sie einen Geist „channeln", verwirrt das den Geist, weil er das so versteht, als würden Sie ihm sagen, er solle Ihr Zimmer verlassen.

- Richten Sie mehrere Energieleitungen ein. Geister brauchen manchmal Leitungen, um ihre Botschaften richtig übermitteln zu können. Bevor Sie versuchen, mit einem Geist in Kontakt zu treten, sollten Sie verschiedene Energieleitungen einrichten, die für die Kommunikation genutzt werden können. Zünden Sie eine Kerze an, geben Sie etwas Wasser in ein Glas und verwenden Sie Weihrauch, um den Raum zu beduften. Sie können auch Audio- und Videoaufnahmegeräte im Zimmer installieren. Beides sind effektive Energieleiter, die bei der Übertragung von der Geisterwelt in die menschliche Welt helfen könnten.

Die Verbindung mit der Geisterwelt bietet Ihnen eine Gelegenheit, die Unterschiede zwischen der physischen Ebene und dem Reich der Toten zu erkunden. Nutzen Sie diese Gelegenheit weise. Wenn Sie auf

Ihrer medialen Reise weiter vorankommen, können Sie endlich das Ouija-Brett und das Pendel in Ihre Praxis als Medium miteinführen.

Kapitel Sieben: Telepathie entfalten

Nehmen wir einmal an, jemand fragt Sie, was Ihnen als erstes einfällt, wenn das Wort „Kommunikation" erwähnt wird. In diesem Fall würden Sie vermutlich an Dinge wie Sprechen, Schreiben und sogar im Internet „Chatten" nennen, bevor Sie die Telepathie erwähnen. Dabei ist die Telepathie eine der besten Arten der Kommunikation.

Telepathie bedeutet einfach so viel wie Kommunikation durch den Geist. Ihr Geist ist viel mächtiger, als Sie es sich vorstellen können. Ja, die Wissenschaft sagt uns, dass der Geist ein mächtiges Wesen ist. Doch selbst die Wissenschaft hat das Ausmaß der Macht des Geistes noch nicht ganz entschlüsselt. Die meisten von uns verstehen nicht einmal, wie groß dessen Macht ist.

F. W. H. Myers prägte den Begriff „Telepathie" im Jahr 1882. Myers war ein britischer Forscher, der sich für übersinnliche Praktiken interessierte. Als er diesen Begriff einführte, beschäftigte er sich mit der Forschung zu Möglichkeiten der „Gedankenübertragung". Einfach ausgedrückt, wurde Gedankenübertragung dabei zunächst als ein Phänomen definiert, bei dem die Gedanken zweier Menschen übereinstimmen, was eine kausale Erklärung erfordert. Später wurde sie als „eine Übertragung von Gedanken, die unabhängig von den anerkannten Sinneskanälen funktionierte" definiert.

Sie können dieser Definition alles entnehmen, was die Telepathie beinhaltet. Telepathie ist eine übersinnliche Fähigkeit, die es Ihnen ermöglicht, mit Menschen zu kommunizieren, ohne dabei Ihnen bekannte Kommunikationskanäle zu benutzen. Die Kommunikation findet über Ihren Geist statt. Wenn Sie ein Fan von mystischen Superheldenfilmen sind, haben Sie wahrscheinlich schon einmal eine filmische Darstellung von Telepathie gesehen. In der Regel sprechen dabei zwei oder mehr Personen in ihren Köpfen miteinander. Aber die filmische Darstellung der Telepathie ist, wie alles Übersinnliche, etwas übertrieben. Lesen Sie dieses Kapitel also nicht in der Hoffnung, dass Sie am Ende des Buches zu Dr. Strange werden.

Die Telepathie ist keine neue übersinnliche Fähigkeit. Sie ist seit Hunderten von Jahren in verschiedenen Kulturen rund um den Globus bekannt. Einige Quellen behaupten sogar, dass es sie schon seit fünftausend Jahren gibt. Andere sagen, dass es sie noch viel länger gibt.

Sie haben vielleicht das Gefühl, dass es sich um eine übersinnliche Fähigkeit handelt, die für Sie unwahrscheinlich schwer erreichbar ist, dabei haben Sie diese Fähigkeit bereits. Solange Sie über übersinnliche Sinne und Portale verfügen, die Ihnen den Zugang zu anderen übersinnlichen Fähigkeiten ermöglichen, ist die Telepathie nur eine weitere Fähigkeit, die darauf wartet, von Ihnen genutzt zu werden. Jeder Mensch hat die natürliche, angeborene Fähigkeit, mit Hilfe seines Bewusstseins zu kommunizieren.

Es gibt vier Möglichkeiten, um die Telepathie zu nutzen. Die erste ist das Lesen. Das Lesen bedeutet, dass Sie die Gedanken hören, die einer anderen Person durch den Kopf gehen. Die zweite Möglichkeit ist die Kommunikation, bei der Sie mit einer anderen Person interagieren, ohne dabei Worte zu benutzen. Die dritte Möglichkeit ist das Eindruck hinterlassen. Dabei pflanzen Sie einen Gedanken, ein Wort oder ein Bild in den Geist einer anderen Person. Schließlich können Sie Telepathie auch zu Kontrollzwecken einsetzen, wenn Sie damit die Handlungen einer anderen Person beeinflussen wollen.

Da Ihr Bewusstsein bei der Ausübung der Telepathie eine zentrale Rolle spielt, ist die Angleichung Ihres Bewusstseins an das einer anderen Person der Schlüssel zur telepathischen Kommunikation. Aber das ist nicht der einzige Weg. Auch die spirituelle Energie ist für die telepathische Kommunikation entscheidend. Jeder Mensch hat eine angeborene Fähigkeit, die es ihm erlaubt, Frequenzen durch seine vibrierende spirituelle Energie auf andere zu übertragen. Wenn Sie Ihre Schwingungsfrequenz, auf die einer anderen Person abstimmen können, müssen Sie nicht mehr über die bekannten Kanäle oder üblichen Sinne mit ihr kommunizieren. Die Angleichung Ihrer Schwingungsfrequenzen stellt eine direkte Verbindung zum Senden und Empfangen telepathischer Botschaften zwischen Ihnen beiden her.

Die Zwillingstelepathie ist eine der häufigsten Formen der Telepathie. Es wird angenommen, dass Zwillinge die „besondere" Fähigkeit haben, miteinander zu kommunizieren, ohne dabei zu sprechen oder verbale Hinweise zu verwenden. Nehmen wir an, Sie waren schon einmal in der Nähe eines Zwillingspaares. In diesem Fall haben Sie vielleicht bemerkt, wie beide die Sätze des anderen förmlich zu Ende gesprochen haben oder wie sie negative Emotionen oder andere Empfindungen sofort beide gespürt haben. Viele Menschen glauben an Zwillingstelepathie, aber nicht an Telepathie zwischen anderen Menschen.

Es wurden mehrere wissenschaftliche Studien zum Thema Zwillingstelepathie durchgeführt. Aber die meisten dieser Studien beruhen auf persönlichen Berichten und Erfahrungen einiger weniger Menschen.

Die Telepathie fällt Zwillingen leicht, auch ohne dass sie sich mit esoterischen Praktiken beschäftigen, weil sie das gleiche Bewusstseinsmuster haben. Sie werden auf der gleichen Schwingungsfrequenz geboren, so dass sie sich nicht bemühen müssen, um sich telepathisch zu verbinden. Sie arbeiten bereits auf der gleichen Wellenlänge. Zusammen geboren zu werden bedeutet auch, dass die Vorlage für ihr Bewusstseinsmuster ähnlich ist, fast so ähnlich, dass man den einen nicht mehr von dem anderen unterscheiden kann, zumindest nicht, ohne genau hinzusehen.

Zwillingstelepathie ist der Beweis dafür, dass die Telepathie tatsächlich real und möglich ist. Aber auf welche Anzeichen sollten Sie achten, wenn Sie die Telepathie bei einer Person anwenden wollen?

Wahrscheinlich haben Sie während Ihres Heranwachsens bereits verschiedene unbewusste telepathische Erfahrungen gemacht. Sie haben Sie ursprünglich vielleicht als Zufälle abgetan, aber tatsächliche hat sich in diesen Fällen Ihre telepathische Fähigkeit offenbart. Wenn Sie jemals die Sätze eines anderen Menschen für ihn vervollständigt haben, hatten Sie ein telepathisches Erlebnis. Einige der telepathischen Erlebnisse mögen Ihnen zu diesem Zeitpunkt trivial erschienen sein. Vielleicht haben Sie zum Beispiel gespürt, dass es Ihrem besten Freund in einer anderen Stadt nicht gut ging, ihn angerufen und festgestellt, dass es ihm tatsächlich nicht gut ging. Viele Menschen haben mehrere solcher Erlebnisse in Ihrem Leben gehabt, aber man neigt dazu, derartige Momente als Zufälle abzutun. Manche Menschen denken, dass diese Erfahrungen mit Glück zu tun haben.

Eine starke Intuition geht immer mit ausgeprägten telepathischen Fähigkeiten einher. Die beiden schließen sich nicht gegenseitig aus. Wenn Sie telepathisch begabt sind, sind Sie ebenfalls intuitiv. Um diese Gabe freizusetzen, müssen Sie Ihre Intuition annehmen und ihr vertrauen. Wenn Sie Ihrem Bauchgefühl nicht vertrauen, können Sie sich nicht effizient mit den Schwingungen anderer Menschen verbinden. Das macht telepathische Kommunikation für Sie unerreichbar.

Ein weiteres Merkmal der Telepathie ist die Tatsache, dass sie oft in einem Traumzustand auftritt. Ihre Schlafenszeit ist die Zeit, in der Ihr Gehirn mit der höchsten Frequenz schwingt und eine Flut von Daten in Ihren Geist einströmen lässt. Sie glauben vielleicht, dass die Zeit linear verläuft, aber das tut sie nicht. Erinnern Sie sich daran, dass ich etwas über die Akasha-Aufzeichnungen gesagt habe? Die Aufzeichnung enthalten eine Sammlung aller Ereignisse, die Sie in Ihren vergangenen Leben erlebt haben. Jeder Gedanke, jedes Gefühl, jedes Wort und jede Absicht aus Ihrer Vergangenheit, Gegenwart und Zukunft ist in den Akasha-Aufzeichnungen gespeichert. Wenn Sie also von etwas träumen, dann deshalb, weil es in einer anderen Zeit und Dimension in Echtzeit geschieht.

Wenn Sie als Hellseher oft ein intensives Gefühl in der Mitte Ihrer Stirn verspüren, dann ist das Ihr drittes Auge, das sich danach sehnt, Ihre telepathische Tür zu öffnen. Natürlich könnte dies auch ein Zeichen für eine andere übersinnliche Fähigkeit sein. Oder es könnte ein Zeichen für all die übersinnlichen Fähigkeiten sein, die in Ihren übersinnlichen Portalen schlummern und geweckt werden wollen. Haben Sie keine Angst, wenn Sie diese Empfindungen häufiger haben, wenn Sie damit anfangen, telepathische Methoden zu üben. Sie werden später wieder abklingen.

Die Telepathie ist mit der Empathie verbunden. Wenn Sie hochgradig empathisch sind, dann verfügen Sie höchstwahrscheinlich über diese Fähigkeit. Wie Sie wissen, geht es bei der Empathie darum, die Gefühle anderer Menschen fast so real zu erleben, wie diese sie selbst erleben. Telepathie hingegen ist mit Gedanken verbunden. Sie können die Gedanken anderer Menschen in deren Kopf lesen. Wenn Sie hellfühlig sind, sind diese beiden Fähigkeiten für Sie miteinander verwoben. Einfühlsam und telepathisch zu sein bedeutet, dass Ihre Fähigkeit über den Austausch von Gedanken hinausgeht. Sie erstreckt sich auch auf Gefühle. Ich glaube, dass man ohne Einfühlungsvermögen kein echter Telepath sein kann.

Wenn Sie immer gleich wissen, wenn Sie von jemandem belogen werden, ist das ein weiterer Hinweis auf Telepathie. Telepathen können es spüren, wenn die Informationen, die sie erhalten, nicht korrekt sind. Normalerweise müssen Sie nicht einmal in den Kopf der Person schauen, um das zu erkennen. Sie merken einfach, dass Sie spüren, was in dem Kopf der Person vor sich geht.

Nachdem Sie Ihre latente Telepathiebegabung entwickelt haben, werden Sie beginnen, Gedanken aufzuschnappen. Das ist der Zeitpunkt, an dem Ihr Hellhörigkeitssinn ins Spiel kommt. Vielleicht stellen Sie fest, dass Sie die Gedanken anderer Menschen laut in Ihrem Kopf hören können. Manchmal ist die Hellsichtigkeit der übersinnliche Sinn, der in den Vordergrund rückt. Sie fangen an, die Gedanken anderer Menschen zu „kennen". Aber es kommt nicht nur darauf an, um welchen übersinnlichen Sinn es sich handelt. Entscheidend ist, dass Sie Zugang zu den unausgesprochenen Gedanken oder Gefühlen der Menschen haben.

Dabei bleibt es aber nicht. Je mehr Sie üben, desto mehr wird sich Ihre Fähigkeit verbessern. Sie werden so weit kommen, dass Sie gedankliche Nachrichten über große Entfernungen hinweg senden und empfangen können. Sie werden außerdem auch in der Lage sein, Gedanken, Ideen und Botschaften in die Köpfe anderer einzupflanzen. Um diesen Punkt zu erreichen, brauchen Sie natürlich Monate oder Jahre der Übung, je nachdem, wie sehr Sie mit Ihrer übersinnlichen Seite im Einklang sind.

Übungen zur Entwicklung telepathischer Fähigkeiten

Eine solide Meditationsroutine und -praxis ist, wenig überraschenderweise, das Erste, was Sie in die Praxis umsetzen müssen, wenn Sie Ihre telepathischen Fähigkeiten entwickeln wollen. Sie können Telepathie nicht erlernen, wenn Ihr Geist immer in einem ungeordneten Zustand ist. Die Meditation dient dazu, Unordnung in

Ihrem Geist zu beseitigen, damit Sie übersinnliche Botschaften empfangen können. Ein klarer, freier und konzentrierter Geist ist Ihre beste Chance, eine Verbindung zwischen Ihrem Bewusstsein und dem anderer Menschen herzustellen.

Wenn Sie mit dem Üben beginnen, beobachten Sie alles genau und versuchen Sie, Ihre Stärken zu ermitteln. Sind Sie ein besserer Absender oder Empfänger von Gedanken? Ich bin ein besserer Empfänger. Nicht, dass das eine besser wäre als das andere, aber so wie Sie eine stärkere Neigung zu einem übersinnlichen Sinn haben, sind Sie auch von Natur aus eher dazu geneigt, Gedanken zu entsenden oder zu empfangen. Es hilft, zunächst das zu üben, was Sie besser können. Dann können Sie zum Gegenteil übergehen, sobald Sie die bessere Fähigkeit auf ein angenehmes Niveau gebracht haben.

Eine noch einfachere Möglichkeit, um Ihre Präferenz zu bestimmen, ist, über die folgende Frage nachzudenken.

Ist es wahrscheinlicher, dass Sie einen Freund anrufen und er Ihnen sagt, dass er gerade an Sie gedacht hat? Oder ist es wahrscheinlicher, dass Sie an einen Freund denken und unerwartet einen Anruf von ihm erhalten?

Wenn Sie die erste Frage mit „Ja" beantworten, bedeutet dies, dass Sie ein besserer Empfänger sein könnten. Aber wenn Sie die zweite Frage mit „Ja" beantworten, sind Sie eher ein Absender.

Wenn Sie das herausgefunden haben, können Sie je nach Ihren Stärken weiter üben. Wenn Sie von Natur aus zum Empfangen neigen, beginnen Sie damit zu üben, wie Sie telepathische Botschaften empfangen können. Bemühen Sie sich in Ihren Interaktionen und Gesprächen mit anderen bewusst darum, das aufzufangen, was sie nicht laut aussprechen. Beachten Sie, dass dies nicht immer in Form von Worten geschieht, sondern vielleicht auch in Form von Gefühlen. Versuchen Sie, mit jemandem zu üben, in dessen Gegenwart Sie sich wohl fühlen. Sagen Sie der Person, dass sie an etwas denken soll, und versuchen Sie herauszufinden, woran die Person denkt. Achten Sie darauf, dass Sie dies nicht mit einem Skeptiker geübt werden sollte, da dies eine Schwingungsblockade verursachen kann.

Wenn Sie eher zum Senden neigen, üben Sie, anderen Menschen Botschaften über die außersinnliche Wahrnehmung zu senden. Eine ausgezeichnete Möglichkeit zum Üben ist es, jemanden auf der Straße zu treffen und ihm ganz normal „Hallo" zu sagen. Aber denken Sie stattdessen an „Auf Wiedersehen". Beobachten Sie den Gesichtsausdruck der Person, während Sie zwei völlig unterschiedliche Dinge sagen und denken. Wenn er Anzeichen von Überraschung oder Verwirrung zeigt, bedeutet dies, dass er Ihre Nachricht erhalten hat. Sie werden Ihnen wahrscheinlich aber nichts darüber sagen, es sei denn, sie sind mit esoterischen Praktiken vertraut. Dennoch kann Ihnen die nonverbale Reaktion als Anhaltspunkt dienen.

Nachfolgend finden Sie zwei effektive Übungen, um das Senden und Empfangen von telepathischen Botschaften zu üben.

Übung 1: Tarotkarten-Methode

Um diese Methode anzuwenden, brauchen Sie einen willigen Partner und ein Deck Tarotkarten. Sie können auch ein normales Spieldeck oder ein Orakeldeck verwenden, wenn Sie keine Tarotkarten zur Hand haben.

– Sagen Sie Ihrem Partner, dass er sich an einen bestimmten Ort setzen soll, der weit von Ihnen entfernt ist. Es sollte in einer Position sein, in der Sie sich nicht gegenseitig sehen können.

– Ziehen Sie als Absender oder Sender vier Karten vom Stapel und legen Sie sie auf eine ebene Fläche. Achten Sie darauf, dass sie nach unten zeigen.

– Drehen Sie nun eine Karte um. Entspannen Sie Ihren Geist und konzentrieren Sie sich auf das Bild auf der Karte, wobei Sie Ihren Fokus ausschließlich auf das Bild richten sollten. Senden Sie das geistige Bild an Ihren Partner, der der Empfänger ist. Legen Sie die Absicht dazu entschieden fest.

– Die Aufgabe Ihres Übungspartners besteht darin, zu versuchen, das von Ihnen gesendete Bild zu empfangen und anzunehmen und es dann an Sie zurückzuschicken.

– Wenn Sie möchten, können Sie die Positionen wechseln und statt des Senders anschließend den Empfänger spielen.

Vertrauen Sie auf Ihr Bauchgefühl und zweifeln Sie nicht an sich selbst.

Übung 2: Gefühlsgesteuerte Methode

Üben Sie diese Übung mit jemandem, zu dem Sie bereits eine emotionale Beziehung aufgebaut haben. Das Senden und Empfangen von telepathischen Botschaften ist viel einfacher, wenn es sich bei der anderen Partei um jemanden handelt, zu dem Sie eine intime Beziehung haben. Das liegt daran, dass die Schwingungsfrequenzen auf diese Weise stärker sind. Je nachdem, wie stark Ihre emotionale Verbindung ist, können Sie diese Übung auch über große Entfernungen hinweg praktizieren. Je stärker die Verbindung ist, desto wahrscheinlicher ist es, dass Ihr Gegenüber Ihre Botschaft unabhängig von der Entfernung zwischen Ihnen empfängt.

- Meditieren Sie, um sich in einen entspannten und aufnahmefähigen Geisteszustand zu versetzen. Sie sollten dabei nicht das Gefühl haben, dass Sie den entspannten Zustand erzwingen. Es sollte sich so natürlich anfühlen, wie es sich anfühlt, wenn Sie Ihre Freizeit miteinander verbringen.
- Vergewissern Sie sich, dass auch Ihr Empfänger in einem entspannten Geisteszustand ist. Andernfalls kann er die Nachricht, die Sie senden, nicht empfangen. Sie müssen beide in einen aufnahmefähigen und entspannten Geisteszustand sein, bevor Sie die Übung beginnen.
- Bestimmen Sie, was Sie senden möchten, und stellen Sie sich vor, wie die andere Person die Nachreicht empfängt. Stellen Sie sich die andere Person mit geschlossenen Augen so deutlich vor, wie Sie nur können. Stellen Sie sich genau vor, was sie in diesem Moment tut. Sie können sich vorstellen, dass sie vor Ihnen sitzt. Fügen Sie alle wichtigen Details hinzu, wie Hautton, Augenfarbe, Größe, Gewicht, Haarlänge und Sitzposition. Wenn Sie dies aus der Ferne tun, schauen Sie sich ein Bild der Person zur Erinnerung an, bevor Sie mit der Visualisierung beginnen.
- Erstellen Sie ein geistiges Bild, visualisieren Sie es und senden Sie es an den Empfänger.

Beginnen Sie diese Technik mit einem einfachen Wort oder Bild. Es hilft, wenn Sie anfangs bei etwas Einfachem bleiben. Sie können sich zum Beispiel eine Banane vorstellen. Stellen Sie sich eine Banane vor Ihrem geistigen Auge vor. Konzentrieren Sie all Ihre Gedanken auf die Banane und stellen Sie sich vor, wie sie schmeckt und sich anfühlt, wenn Sie hineinbeißen. Senden Sie die Nachricht erst dann ab, wenn Sie sich ein klares Bild von dem gemacht haben, was Sie entsenden möchten.

Unabhängig davon, welche Methode Sie verwenden, sollten Sie Ihren Übungspartner fragen, was er von Ihnen erhalten hat. So können Sie feststellen, ob er Ihre Nachricht bekommen hat. Wenn Sie anfangs keinen Erfolg haben, lassen Sie sich davon nicht entmutigen. Der Schlüssel zur Entfaltung telepathischer Fähigkeiten liegt darin, dass Sie so lange zu üben, bis Sie sie erreicht haben. Denken Sie daran, bei jeder Übung ein anderes Wort, einen anderen Gedanken oder ein anderes Bild zu verwenden. Wenn Sie Fortschritte machen, können Sie die Telepathie einsetzen, um das Verhalten anderer zu kontrollieren oder zu beeinflussen.

Kapitel Acht: Kunst der Wahrsagerei

Die Wahrsagerei ist die vielleicht komplexeste und umfassendste übersinnliche Fähigkeit. Es ist die Kunst, „verborgenes" Wissen über die Zukunft zu ermitteln und es zu deuten. Dies wird durch Intuition, Wahrsagehilfsmittel und die Hilfe göttlicher Macht ermöglicht. Die Wahrsagerei wird als ein Zweig der Magie betrachtet, gilt aber auch als eine übersinnliche Fähigkeit. Sie wird dazu eingesetzt, um die Zukunft vorherzusagen und die Bedeutung eines Ereignisses, ob übernatürlich oder nicht, genau zu bestimmen. Man könnte sagen, dass das Wahrsagen Ihnen eine Möglichkeit bietet, das Schicksal zu enträtseln.

Die Kunst der Wahrsagerei beruht auf der Idee, dass alles im Universum durch Energie miteinander verbunden ist. Wir sind alle auf einer energetischen Ebene miteinander verbunden. Daher gleicht das gesamte Universum einem riesigen Energienetzwerk, das alle unsere Energieeindrücke miteinander verbindet. Wenn Sie das Konzept einmal verstanden haben, bedeutet das, dass Sie mit Energie auf Informationen zu so ziemlich allem zugreifen können. Sie müssen nur ein Verbindungsstück finden, das Sie in dem unendlichen Netzwerk mit dem Wissen verbindet. Dann können Sie unendlich viele Fragen stellen und nach Antworten suchen.

Viele Wahrsager greifen auf das unendliche Energienetz zu, indem sie Wahrsagegeräte verwenden, die von Runen, Steinen und Tarotkarten bis hin zu Muscheln, Stöcken und Blättern reichen. Als Wahrsager können Sie sich mithilfe Ihrer Wahrsagehilfsmittel verbinden, um Informationen aus dem Netzwerk zu erhalten und diese über das Werkzeug an sich selbst oder an eine andere Person weiterzugeben. Wie klar die Informationen sind, die Sie erhalten, hängt von Ihrer Erfahrung ab, Ihrer Überzeugung und Ihrer Fähigkeit, Ihren Geist zu klären, um sicherzustellen, dass Sie Ihre Antworten klar und deutlich erhalten.

Jede Information, die aus dem universellen Energienetz kommt, ist hundertprozentig präzise. Die Informationen können jedoch verzerrt oder versehentlich falsch interpretiert werden.

Ganz gleich, ob Sie die Wahrsagerei nur für sich selbst nutzen wollen oder ob Sie anderen Menschen auf ihrem Weg helfen möchten, haben Sie die Möglichkeit, verschiedene Dinge zu lernen. Die Wahrsagerei kann Ihnen helfen, herauszufinden, was auf Sie zukommt und wann es kommt. Sie kann Ihnen auch helfen, eine Entscheidung zu treffen, die Ihr Leben beeinflussen könnte. Durch das Wahrsagen erhalten Sie eine symbolische Botschaft, die Sie nur sorgfältig interpretieren können. Normalerweise wird ein Rutengänger beispielsweise durch einen Gedanken, ein Gefühl, eine Idee oder eine Erinnerung inspiriert, die sich dann in eine Antwort verwandelt.

Antworten, die Sie durch Wahrsagerei erhalten, können subjektiv sein. Sie brauchen bestimmte Fähigkeiten, um bei der Interpretation der Informationen, die Sie erhalten, objektiv zu bleiben. Andernfalls könnten Sie zulassen, dass Ihre Gedanken, Gefühle oder Überzeugungen Ihnen in die Quere kommen. Ein Wahrsager muss lernen, objektiv zu sein, nicht zu urteilen und keine tieferen Absichten zu haben. Nur so können Sie den unterschiedlichen und verwirrenden Energiehinweisen, die Ihnen aus dem kosmischen Netz übermittelt werden, aus dem Weg gehen.

Es ist ganz natürlich, dass Sie zu Beginn Ihrer Wahrsagepraxis einen gewissen Grad an Zweifeln haben. Schließlich ist die Wahrsagerei viel komplizierter als andere übersinnliche Praktiken wie zum Beispiel Telepathie, Medialität, Astralreisen usw. Aber Sie müssen lernen, die Zweifel loszulassen. Andernfalls werden die Zweifel die Klarheit der Informationen, die Sie erhalten, stören. Wenn Sie schon einmal an einem Wünschelrutenkreis teilgenommen haben, haben Sie wahrscheinlich gehört, wie jemand gesagt hat: „Geben Sie die Botschaft genau so weiter, wie Sie sie erhalten." Dadurch soll das Verzerren der

Botschaft vermieden werden.

Akzeptieren Sie immer gleich das Erste, was Ihnen in den Sinn kommt, wenn Sie durch Wahrsagerei Zugang zum kosmischen Energienetz erhalten. Lassen Sie sich nicht dazu verleiten, die Nuance oder die Art der Information, die Sie erhalten, zu ändern. Wenn Sie dies tun, werden Sie zwangsläufig die Bedeutung der Botschaft durch Ihre Überzeugungen beeinflussen. Vermeiden Sie es, irrelevante oder unzusammenhängende Informationen oder Details in Ihre Überlegungen einzubringen.

Im Allgemeinen gibt es mehrere Methoden der Wahrsagerei. Sie können nicht alle diese Methoden gleichzeitig anwenden. Aber Sie können eine oder zwei finden, die Ihnen zusagen, und diese beherrschen lernen. Beachten Sie dabei, dass keine der Methoden unbedingt besser ist als die andere. Manche Menschen glauben, dass Menschen, die Tarotkarten zum Wahrsagen verwenden, weniger Talent haben als Menschen, die das nicht tun. Das ist nicht richtig.

Ein Grund dafür, dass es in der Wahrsagerei verschiedene Methoden gibt, ist die Notwendigkeit die auszuwählen, die ihnen am meisten zusagt. Wenn Sie sich mit der Tarot-Wahrsagung wohlfühlen, haben Sie keine Angst davor, sie zu beherrschen zu lernen. Die Wahrsagemethode, die Sie verwenden, mindert oder begrenzt keinesfalls die Qualität der Informationen, die Sie aus dem Energienetz erhalten können.

An dieser Stelle werde ich sechs verschiedene Methoden der Wahrsagerei genauer erklären. Da wir Tarots, Pendel, Runen und Kristalle bereits in einem früheren Kapitel besprochen haben, werde ich mich nicht auf diese Themenfelder konzentrieren. Alles, was in Kapitel drei über die Verwendung dieser übersinnlichen Werkzeuge bereits besprochen wurde, kann auf die Praxis der Wahrsagerei angewendet werden. Es gibt dabei kaum einen Unterschied, denn schließlich geht es auch hier darum, übersinnliche Botschaften aus einer höheren Quelle zu erhalten.

Die sechs Methoden der Wahrsagerei, die Sie in diesem Kapitel lernen werden, sind:

- Hellseherei
- Teeblätter lesen
- Sand Weissagung

- Pyromantie
- Osteomantie
- Numerologie
- Automatisches Schreiben

Lassen Sie die Details jeder einzelnen Wahrsagemethode in Ruhe erklären. In diesem Kapitel werde ich jede Methode kurz vorstellen, damit Sie mit den Grundlagen vertraut sind. Im nächsten Kapitel werden wir im Detail auf die Frage eingehen, wie Sie einige der Methoden richtig anwenden können.

Hellseherei

Die Hellseherei ist eine Wahrsagemethode, bei der in Wasser, Feuer oder Kristalle geblickt wird. Es gibt auch die Vollmonddeutung, bei der der Blick in den Vollmond gerichtet wird, wann immer er da ist. Sie ist eine der ältesten Methoden der Wahrsagerei und existiert schon seit Hunderten von Jahren. Manche Menschen nennen sie auch die Spiegelungswahrsagung. Im Laufe der Geschichte gab es immer wieder Geschichten über Menschen aus verschiedenen Kulturen, die in Spiegel, Wasser, Öl, Metalle und Kristalle blickten, um das Spiegelbild zu lesen. Die Praxis des Kristallkugel-Lesens hat ihren Ursprung ebenfalls in der Hellseherei.

Teeblätter lesen

Die Kunst, Teeblätter zu lesen, gibt es bereits seit dem 17. Jahrhundert. Der Fachbegriff lautet Tasseomantie. Es gibt die Tasseomantie schon seit Jahrhunderten, noch bevor die Holländer den chinesischen Tee nach Europa brachten. Tasseomantie ist eine Mischung aus Französischen und griechischen Wörtern. Tasseo basiert auf dem französischen, „Manteia" ist griechisch und steht für Prophezeiung. Die wörtliche Übersetzung von Tasseomantie ist also die Kunst, die Zukunft aus einer Tasse vorherzusagen. Tee ist nicht das Einzige, was man für die Tasseomantie verwenden könnte. Sie können auch Weinsediment oder Kaffeesatz benutzen. Sie können Ihre Tasseomantieübungen an Ihre eigenen Bedürfnisse und Ihren Geschmack anpassen.

Sand Weissagung

Die Sandwahrsagerei, auch Geomantie genannt, ist eine Wahrsagemethode, bei der die Formen von Steinen und Sand zu Wahrsagezwecken gelesen und interpretiert werden. Diese Praxis ist in muslimischen Gemeinschaften, insbesondere im Nahen Osten, weit verbreitet. Die Geomantie wird als eine der schönsten Kunstformen angesehen. Wie jede andere Form der Wahrsagerei glauben auch diejenigen, die Sandwahrsagerei praktizieren, an das Vorhandensein von Lebensenergie im Sand. Die „Lebensenergie" ist in diesem Zusammenhang die Aura.

Pyromantie

Viele Menschen glauben, dass die Pyromantie die älteste Form der Wahrsagerei ist. Viele Jahrhunderte lang war die Praxis der Pyromantie in Europa verboten, ebenso wie die Hydromantie und die Nekromantie. Aber das Feuer ist einfach zu faszinierend und beeindruckend, um es in Ruhe zu lassen. Pyromantie ist die Wahrsagekunst, bei der man in ein Feuer blickt, um übersinnliche Botschaften zu erhalten. Wenn Sie ein Fan der Fernsehserie Game of Thrones sind, dann sollten Sie wissen, dass die rote Dame Melissandre Pyromantie praktiziert hat. Der Tanz um ein Feuer kann Ihnen dabei helfen, einige der schwierigsten Fragen des Lebens zu beantworten.

Osteomantie

Osteomantie wird auch als Knochenwahrsagerei bezeichnet und beschreibt die Kunst, aus Knochen göttliche Informationen herauszulesen. Die Osteomantie ist seit Tausenden von Jahren in allen Kulturen verbreitet. Auch wenn es verschiedene anwendbare Methoden gibt, ist das Ziel dasselbe - das Lesen von Botschaften, die in den Knochen offenbart werden. Aufgrund der Seltenheit von Tierknochen können Sie diese Methode vielleicht nicht anwenden. Dennoch kann das Wissen darüber für Sie von Nutzen sein.

Numerologie

Die Grundlagen der Numerologie besagen, dass Zahlen eine erhebliche spirituelle Bedeutung haben. Es wird angenommen, dass einige Zahlen stärker sind als andere. Außerdem können Zahlen miteinander kombiniert werden, um die Zukunft vorherzusagen und Hilfe beim Treffen wichtiger Entscheidungen zu erhalten. Und Zahlen werden auch mit Planetenbewegungen und -verschiebungen in Verbindung gebracht.

Automatisches Schreiben

Das automatische Schreiben ist eine der bekanntesten Methoden, um Nachrichten aus der Geisterwelt zu erhalten. Es ist beliebt bei Medien, die mit Geistern und Gespenstern kommunizieren. Es handelt sich um denselben Vorgang, den ich in dem Kapitel über die Medialität beschrieben habe. Sie nehmen sich einfach einen Stift und ein Blatt Papier, entspannen Ihren Geist und lassen die göttlichen Botschaften ohne bewusste Anstrengung durch Sie hindurchfließen. Was auch immer Sie auf dem Papier niederschreiben, wurde von der Geisterwelt „gechannelt".

Im nächsten Kapitel erfahren Sie mehr darüber, wie Sie das Hellsehen, das Lesen von Teeblättern und weitere in diesem Kapitel besprochene Wahrsagemethoden praktizieren können.

Kapitel Neun: Wahrsagerei üben

In diesem Kapitel geht es um die Methoden, mit denen Sie die im vorangegangenen Kapitel erläuterten Wahrsageformen praktizieren können. Also, fangen wir an.

Hellseherei

Das Wahrsagen ist seit langem eine Methode, mit der die Ältesten ihre Weisheit und Intuition einsetzen. Jeder weiß, dass Wasser eine sehr starke Quelle der Lebensenergie ist. Es gibt eine Verbindung zum Wasser, die wir alle spüren. Es gibt einen Grund, warum wir uns nach einem warmen oder kalten Bad so energiegeladen fühlen. Ihr Geist und Ihr Körper sind eng mit dem Wasser verbunden.

Die Erde, der Mond und der Himmel sind allesamt Wasserquellen, was bedeutet, dass Wasser in den Mondzyklen eine Rolle spielt. Sie brauchen einen klaren Himmel, einen Vollmond und eine Schale, die mit Wasser gefüllt ist, um die Hellseherei zu praktizieren. Außerdem brauchen Sie eine ebene Fläche, einen Notizblock und meditative Musik. Der letzte Punkt ist nicht entscheidend.

Sie können sich aussuchen, ob Sie einen Kreis werfen wollen, oder nicht. Das hängt von Ihnen ab. Spielen Sie Ihre meditative Musik, um sich in einen entspannten Geisteszustand zu versetzen. Setzen Sie sich sanft vor die ebene Fläche, auf der Sie eine Schale mit Wasser gestellt haben. Schließen Sie die Augen und spüren Sie, wie Sie sich auf die Energie Ihrer Umgebung einstimmen. Alle Ihre Sinne sollten wach sein.

Hören Sie dabei zu, wie der Wind in den Bäumen raschelt. Riechen Sie den Duft der Blätter um Sie herum. Spüren Sie die Energie, die Sie umspült. Konzentrieren Sie sich darauf, die Energie zu sammeln, die Sie spüren. Sie kommt als ein Gefühl in Ihren Körper, das Sie spüren können, wenn Sie danach suchen. Spüren Sie Ihre Verbindung zu dieser Energie und ihrer göttlichen Energiequelle. Verharren Sie einige Minuten an dieser Stelle, bis Sie zum Hellsehen bereit sind.

Wenn Sie soweit sind, öffnen Sie sanft Ihre Augen. Beobachten Sie Ihre Umgebung. Sie sollten dabei ein außergewöhnliches Gefühl der Ruhe, des Bewusstseins und der Klarheit verspüren. Das liegt an der Energie, auf die Sie sich eingestimmt haben. Schauen Sie auf die Schale mit Wasser vor Ihnen. Stellen Sie sich Führungskraft und Weisheit vor, die im Wasser schwimmen. Sehen Sie zu, wie die Energie um das Wasser herumwirbelt, während Sie diesen Gedanken visualisieren. Erkennen Sie an, dass das Wasser Ihnen Geheimnisse offenbaren kann.

Schauen Sie ins Wasser und betrachten Sie Ihre Reflexion. Suchen Sie nach Mustern, Bildern und Symbolen. Wenden Sie Ihren Blick nicht vom Wasser ab. Nach einer Weile werden Sie beginnen, Bilder, Wörter oder Symbole zu sehen, die sich in der Spiegelung auf dem Wasser bilden. Zufällige Gedanken, die nicht sofort einen Sinn ergeben, können gleichzeitig in Ihrem Kopf auftauchen. Nehmen Sie Ihren Notizblock zur Hand und schreiben Sie alles genauso auf, wie sie es kommen sehen. Schreiben Sie alles auf.

Sie können so lange ins Wasser blicken, wie Sie möchten. Wenn Sie möchten, bis zu einer Stunde lang, aber ein paar Minuten reichen auch aus, um die gewünschten Informationen zu erhalten. Halten Sie inne, wenn Sie sich unruhig fühlen oder Ihnen alltägliche Gedanken durch den Kopf gehen.

Wenn Sie fertig sind, überprüfen Sie, ob Sie alles aufgeschrieben haben, was Ihnen beim Hellsehen eingefallen ist, einschließlich der Gedanken, Gefühle und Empfindungen in Ihrem Körper. Setzen Sie sich in den nächsten Tagen mit den Informationen auseinander und erlauben Sie Ihrem Unterbewusstsein, über die Bedeutung der Hinweise nachzudenken, bis sie einen Sinn ergeben. Irgendwann können Sie sich mit Sicherheit einen Reim auf alles machen.

Wenn die Nachricht, die Sie erhalten, nichts mit Ihnen zu tun zu haben scheint, denken Sie an Ihre Angehörigen und Freunde. Versuchen Sie herauszufinden, auf wen sie zutrifft.

Wenn Sie eine natürliche Wasserquelle in der Nähe Ihres Hauses haben, versuchen Sie, mit größeren Wasserschalen zu pendeln. So lassen sich Botschaften inmitten der ganzen Energie leichter erkennen.

Teeblätter lesen

Das Lesen von Teeblättern ist eine der kultigsten Möglichkeiten, mit der die Wahrsagerei betrieben wird. Diese Methode ist vielleicht nicht so populär wie einige andere, aber sie ist genauso effektiv. Außerdem ist sie relativ einfach. Vielleicht sollten Sie sich Becher besorgen, die speziell für diese Form der Wahrsagung entworfen wurden. In diese Becher sind Symbole und Muster eingraviert, so dass Sie die Botschaften, die Sie erhalten, einfacher interpretieren können. Wie genau kann man die Teeblätter also lesen?

Als Erstes benötigen Sie eine Tasse Tee, um mit der Übung zu beginnen. Der Tee muss die losen Blätter enthalten, also verwenden Sie beim Aufbrühen kein Sieb. Wenn Sie ein Sieb verwenden, werden alle Blätter entfernt und es gibt nichts mehr zu lesen. Ihre Teetasse sollte eine helle Farbe haben, damit Sie sehen können, was mit den Blättern in der Tasse geschieht.

Je größer die Blätter des Tees sind, desto genauer ist Ihre Messung. Beachten Sie dies also bei der Zubereitung des Tees. Verwenden Sie eine Mischung aus losen Teeblättern, damit die Blätter nicht zu klein werden. Entscheiden Sie sich für Mischungen wie Earl Grey, da diese in der Regel große Blätter haben. Nachdem Sie den Tee zubereitet haben, trinken Sie ihn in Ruhe in Ihrem bevorzugten Tempo.

Danach sind am Boden Ihrer Teetasse nur noch Blätter übrig. Schütteln Sie die Tasse kräftig, damit die Blätter ein Muster bilden können. Eine Möglichkeit, um dies zu verursachen, ist es, die Tasse ein paar Mal im Kreis zu schwenken. Machen Sie das dreimal, um verbleibende nasse Blätter zu vermeiden.

Beobachten Sie als Nächstes die Blätter und schauen Sie, ob Sie in den Mustern, die sie bilden, irgendwelche Bilder erkennen können. An dieser Stelle beginnen Sie mit der Wahrsagerei. Normalerweise interpretieren Wahrsager die Bilder auf zwei Arten. Die erste Möglichkeit besteht darin, einem Standardsatz von Symbolen zu folgen, der von Jahrhundert zu Jahrhundert weitergegeben wurde. Wenn Sie zum Beispiel ein Bild erhalten, das wie ein Hund aussieht, bedeutet das, dass Sie einen treuen Freund haben, der Ihnen zur Seite steht. Ein Apfel steht für Bildung oder Wissen. Sie können leicht Material mit Informationen über Teeblattsymbole und deren Deutung erhalten. Auch wenn die Interpretationen variieren können, sind die

Bedeutungen ziemlich universell.

Die zweite Möglichkeit besteht darin, Ihre Intuition zu nutzen, um die Bilder zu interpretieren, die Ihnen erscheinen. Konzentrieren Sie sich darauf, welche emotionalen und gedanklichen Reaktionen die Bilder bei Ihnen auslösen. Das Bild mag das eines Hundes sein, aber es mag Ihnen zum Beispiel kein positives Gefühl vermitteln, das für einen treuen Freund steht. Hier müssen Sie auf Ihre Intuition vertrauen. Bei der intuitiven Deutung müssen Sie auf Ihren Instinkt hören.

Es können Ihnen auch mehrere Bilder erscheinen. Wenn dies der Fall ist, lesen Sie die Bilder vom Henkel Ihrer Teetasse aus und gehen Sie sie im Uhrzeigersinn durch. Wenn die Tasse keinen Henkel hat, beginnen Sie ganz oben, an dem Punkt, der am weitesten von Ihnen entfernt ist.

Vergessen Sie nicht, Ihren Notizblock parat zu haben, wenn Sie die Blätter lesen. Während Sie üben, halten Sie den Notizblock immer griffbereit. So können Sie auf die Dinge zurückkommen, die Ihnen in der Teetasse erscheinen.

Numerologie

Die Grundlage der Numerologie ist der Glaube, dass Zahlen eine ausgeprägte spirituelle und magische Bedeutung haben. In einigen Varianten der Numerologie glaubt man, dass ungerade Zahlen weibliche Energiezahlen sind. Im Gegensatz dazu haben gerade Zahlen eine männliche Energie und Bedeutung. Generell hat jede Kultur eine andere Interpretation der Bedeutung von Zahlen.

In einigen Traditionen haben die Zahlen eine bestimmte Bedeutung:

> 1: Steht in Verbindung mit der kosmischen Lebenskraft, die alle Menschen im Universum miteinander verbindet. Sie gilt als Quelle und als erdende Zahl. In Tarotkarten symbolisiert 1 eine Person, die die Kontrolle über ihr Umfeld übernimmt und persönliche Macht erlangt, indem sie die Menschen um sich herum ausnutzt.

> 2: Dies symbolisiert Dualität und Polarität. Sie ist die Zahl des Gleichgewichts. Wenn Sie an die Zahl 2 denken, denken Sie an Yin und Yang, hell und dunkel und andere Gegensätze. Diese Zahl steht für ein repräsentatives Exemplar von zwei verschiedenen Dingen,

3: In vielen Traditionen der Numerologie gilt die 3 als die magischste aller Zahlen. Sie steht symbolisch für die Reiche des Himmels, des Meeres und des Landes. Sie steht auch für Ihre geistigen, körperlichen und spirituellen Bedürfnisse. Die Drei symbolisiert Aktion und Interaktion. In anderen Traditionen gilt sie als die Zahl für Neutralität und Passivität.

4: Steht für alle vier Elemente - Feuer, Erde, Wasser und Luft. Sie steht auch für die vier Jahreszeiten und die vier Himmelsrichtungen der Welt. Es handelt sich außerdem um ein Symbol für Kreativität.

5: Fünf ist die Zahl der Geister. Sie ist ein Symbol für Ihre fünf menschlichen Sinne. In einigen Traditionen wird sie als Symbol für Chaos, Kampf und Konflikt angesehen.

6: Steht für die Sonnenenergie. Sie ist eine lebenswichtige Quelle der männlichen Energie. Sie steht für Verantwortung und Sicherheit.

7: Steht für die Mondenergie. Sie ist mit dem Mond und der Weiblichkeit verbunden. Diese Zahl ist ein Symbol für Intuition und Weisheit und steht für Bewusstsein und Gedankenformen.

8: Die Acht wird mit den Planeten und mit Quecksilber assoziiert, wobei um Kommunikation und Botschaften geht. Sie zeigt ein Unendlichkeitssymbol, wenn sie auf die Seite gedreht wird.

9: Drei mal drei ist neun, was die Neun zu einer dreifach potenten Zahl macht. Sie ist mit der Energie einer Göttin verbunden. Die Neun steht für Wachstum und Veränderung. Die Verwendung des Tarots steht für die Vollendung und den Beginn eines neuen Prozesses.

0: Die Null steht für das Nichts. Sie steht für das Potenzial, das Sie haben, um etwas Neues aus dem Nichts zu schaffen. Die Null ist ein Zeichen für den Anfang.

Schauen Sie sich die Tarot-Wahrsagung, die Pendel-Wahrsagung, die Kristall-Wahrsagung und all die anderen Wahrsagungsformen an, die wir gerade besprochen haben, und wählen Sie diejenige aus, von der Sie glauben, dass sie am besten für Sie geeignet ist.

Kapitel Zehn: Die Macht des Hellsehens

Die Hellseherei ist bei den meisten Hellsehern der beliebteste übersinnliche Sinn. Bei einigen von uns ist die Hellseherei der vorherrschende übersinnliche Sinn, gepaart mit einem anderen übersinnlichen Sinn. Wie Sie sich erinnern, haben wir in Kapitel zwei kurz die Grundlagen der Hellseherei besprochen. Sie haben bereits gelernt, dass Hellsichtigkeit so viel wie „klares Sehen" bedeutet. Es handelt sich um die übersinnliche Fähigkeit, Energien zu sehen und zu lesen. Da wir bereits über diese Bedeutung gesprochen haben und darüber, was sie mit sich bringt, wird sich dieses Kapitel ganz auf die Frage konzentrieren, wie Sie Ihren sechsten Sinn verfeinern und entwickeln können, um Ihren Hellsehsinn zu schärfen.

Hellsichtigkeit ist der eine übersinnliche Sinn, der allen übersinnlichen Fähigkeiten, die wir bisher in diesem Buch besprochen haben, gemeinsam ist. Wenn Sie diesen Sinn erfolgreich verfeinern, werden Sie feststellen, dass jede übersinnliche Fähigkeit, die Sie später erlernen möchten, für Sie einfacher wird, wenn Ihre Hellsichtigkeit erweckt wurde. Der Schlüssel zur Entwicklung Ihrer Hellsichtigkeit liegt darin, dass Sie Ihr drittes Auge erwecken. Im Folgenden finden Sie daher sechs Übungen, mit denen Sie Ihr drittes Auge erwecken und sich den Weg zur Hellsichtigkeit öffnen können.

1. Visualisierung

Dies ist eine der besten Methoden, um Ihr drittes Auge und Ihre Intuition zu stärken. Es gibt so viele Möglichkeiten, die Visualisierung zu praktizieren. Eine davon ist die Visualisierung von Blumen. Der Einstieg ist dabei ganz einfach. Kaufen Sie sich eine Blume, die schön aussieht und gut riecht. Stellen Sie die Blume vor sich hin und betrachten Sie sie einige Minuten lang. Schließen Sie dann die Augen und stellen Sie sich die Blume mit so vielen Details wie möglich vor. Stellen Sie sich Ihre Form, Größe, Farbe und alle ihre anderen Details vor.

Eine weitere Visualisierungsübung besteht darin, sich die Zahl Eins vor Ihrem geistigen Auge vorzustellen. Stellen Sie sich vor, dass Sie die Zahl Eins sehen. Machen Sie sie so groß, wie Sie wollen, mit den Farben, die Sie wollen. Sie können sich sogar ein wenig Glitzer vorstellen. Halten Sie dieses Bild mindestens 10 Sekunden lang in Ihrem dritten Auge fest. Öffnen Sie dann Ihre Augen und machen Sie eine kurze Atemübung. Wiederholen Sie diese Schritte von Nummer eins zu zwei, drei usw., bis Sie bei 10 angelangt sind.

2. Sprechen Sie mit Ihren Geistführern

Das Gespräch mit Ihren Geistführern bietet eine weitere Möglichkeit, die Ihnen dabei helfen kann, wie Sie Ihre Hellsichtigkeit entwickeln. Nehmen wir beispielsweise an, Sie sprechen regelmäßig mit Ihren Geistführern. In diesem Fall können Sie sie bitten, Ihnen Botschaften in Form von schönen Bildern zu schicken. Wenn Sie Ihren Geistführern noch nie begegnet sind, machen Sie sich keine Sorgen. Wenden Sie die besprochene Meditationstechnik an und rufen Sie Ihren Geistführer, damit er mit Ihnen spricht. Warten Sie dann darauf, dass Ihnen seine Botschaft erscheint. Vergessen Sie nicht, dass die Botschaft verschiedene Formen annehmen kann. Sie kann in Form von Bildern, Worten, Gedanken, Gefühlen oder körperlichen Empfindungen zu Ihnen kommen.

3. Spielen Sie hellseherische Spiele

Es gibt ein Spiel, das wir gespielt haben, als wir jünger waren. Das Spiel heißt Memory. Wenn Sie das Spiel auch gespielt haben, als Sie jünger waren, erinnern Sie sich vielleicht daran, dass Sie die Karten verdeckt hingelegt haben, eine nach der anderen umdrehen und versuchten, eine Paar zu finden. Dieses Spiel kann Ihr drittes Auge schärfen und Ihre Hellsichtigkeit erhöhen. Bevor Sie jede Karte umdrehen, versuchen Sie mit Ihrem geistigen Auge zu „sehen", welche

Karte welche ist.

Ein weiteres lustiges Spiel zum Üben der Hellseherei lässt sich spielen, wenn Sie jemanden bitten, zehn zufällige Gegenstände auf Ihren Tisch zu legen. Bleiben Sie nicht im Raum, während die Person die Gegenstände aufstellt. Schließen Sie nun Ihre Augen und stellen Sie sich jedes Objekt vor. Versuchen Sie, mit Ihrem dritten Auge zu „sehen", wo sich jeder Gegenstand befindet und welche Farbe und Größe die Gegenstände haben. Schreiben Sie sich Details zu jedem Gegenstand auf. Seien Sie so spezifisch wie möglich bei den Beschreibungen. Wenn Sie mit dem Schreiben fertig sind, öffnen Sie Ihre Augen. Gehen Sie dorthin zurück, wo sich die Gegenstände befinden, und überprüfen Sie, wie genau Ihre Beschreibungen waren.

Sie können diese Übung auch alleine durchführen. Gehen Sie dazu in den nächstgelegenen Studienbereich, studieren Sie die Umgebung, schließen Sie dann die Augen und visualisieren Sie so viele Details wie möglich in Ihrer Umgebung.

4. Üben Sie das Aura-Lesen

Die Aura ist Ihr menschliches Energiefeld, wie ich bereits erklärt habe. Es erscheint in Form von Lichtern und Farben. Jeder kann sich darin üben, diese Energie um alle lebenden Dinge herum zu sehen. Das macht das Aura-Lesen zu einer ausgezeichneten Übungsmöglichkeit, um Ihre Hellsichtigkeit zu entwickeln. Um das Sehen von Auren zu üben, brauchen Sie einen Übungspartner. Bitten Sie die Person, sich vor eine weiße Wand oder eine andere einfarbige Wand zu stellen. Gehen Sie ein paar Schritte zurück, bis Sie einen Punkt erreichen, an dem Sie den Kopf und die Schuhe des Partners sehen können, ohne dabei nach oben oder unten zu schauen. Konzentrieren Sie sich und schauen Sie durch die Person hindurch auf die Wand hinter ihr. Konzentrieren Sie sich weiter und die Umrisse der Aura werden um den Kopf der Person herum erscheinen.

5. Tagebücher

Tagebücher sind ein wichtiger Bestandteil jeder psychischen Entwicklungsreise. Bevor Sie Ihre Reise beginnen, sollten Sie sich ein Tagebuch zulegen, um alle Ihre spirituellen und übersinnlichen Erfahrungen festzuhalten. Jedes Mal, wenn Sie sich mit dem Spirituellen und Ihrem Höheren Selbst verbinden oder sogar nur einen bedeutungsvollen Traum haben, schreiben Sie alles auf. Auf diese Weise können Sie sich besser mit Ihrer Intuition und Ihrem hellseherischen Gespür verbinden, um die Botschaften, die Sie erhalten, besser zu verstehen.

6. Erwecken Sie Ihr drittes Auge

Öffnen Sie Ihr drittes Auge durch die Meditation für das dritte Augenchakra. Der Zweck der Meditation des dritten Auges ist es, Ihnen dabei zu helfen, Ihre geistige Klarheit zu verbessern, Ihren Geist zu fokussieren und Ihre Konzentration zu steigern. Die Meditationsübung ist kurz und einfach.

Setzen Sie sich bequem auf einen Stuhl. Halten Sie Ihre Wirbelsäule dabei aufrecht und Ihre Schultern entspannt. Ihr Brustkorb sollte offen sein. Legen Sie Ihre Hände auf die Knie, wobei die Handflächen nach oben zeigen sollten. Berühren Sie sanft Ihren Zeigefinger mit Ihrem Daumen. Entspannen Sie Ihren Körper vom Gesicht über den Kiefer bis hin zum Bauch. Ihre Zunge sollte hinter Ihren Vorderzähnen ruhen und Ihre Augen sollten leicht geschlossen bleiben.

Atmen Sie durch Ihre Nase ein und aus. Tun Sie dies tief und gleichmäßig. Schauen Sie mit geschlossenen Augen nach oben auf den mittleren Bereich Ihrer Stirn. Dort befindet sich Ihr drittes Augenchakra. Konzentrieren Sie Ihren Blick ganz genau auf diesen Punkt. Warten Sie, bis dort eine helle violette oder indigoblaue Farbe erscheint. Lenken Sie Ihren Geist sanft von den Gedanken in Ihrem Kopf ab und konzentrieren Sie sich weiterhin auf das dritte Auge.

Bleiben Sie mindestens 10 Minuten lang in dieser Position und atmen Sie dabei sanft und tief ein und aus. Wenn die zehn Minuten um sind, atmen Sie sanft ein und aus, führen Sie Ihre Handflächen zusammen und bringen Sie sie beide vor Ihr Herz. Beenden Sie die Meditation mit den folgenden Worten: „Möge das Göttliche mir die Fähigkeit verleihen, die Wahrheit auf jeder Ebene klar zu sehen und wahrzunehmen." Richten Sie sich auf und öffnen Sie sanft Ihre Augen, bevor Sie sich wieder Ihrem Tagesgeschäft zuwenden.

Sie können die Meditation des dritten Auges jeden Tag durchführen, wenn Sie wollen, dass sich Ihr drittes Auge schneller öffnet. Wenn Sie jedoch an der Stelle, an der sich Ihr drittes Auge befindet, unangenehme Empfindungen verspüren, sollten Sie die Meditation beenden, sonst öffnet sich Ihr drittes Auge vollständig und wird überaktiv. Ein überaktives drittes Auge schadet den Hellsehern mehr als es ihnen nützt.

Wenn das dritte Auge überaktiv wird, haben Sie keine Kontrolle mehr über Ihre Gedanken und Gefühle. Sie könnten für einen Zustrom von übersinnlichen Botschaften empfänglich werden, die Sie überfordern würden. Seien Sie also vorsichtig, wenn Sie Ihr drittes Auge zu öffnen versuchen.

Kapitel Elf: Spirituelles Heilen: Die Arbeit mit Energie

Energieheilung ist die psychische und ganzheitliche Methode zur Aktivierung Ihrer subtilen Energiekörper, um Blockaden zu beseitigen und einen Durchgang zu schaffen, durch den die Energie frei fließen kann. Durch die Beseitigung der Energieblockade wird die körpereigene Fähigkeit zur Selbstheilung von körperlichen, geistigen und emotionalen Zuständen aktiviert. In einem früheren Kapitel habe ich darüber gesprochen, wie Blockaden in den feinstofflichen Körpern den Energiefluss durch das Körpersystem stören können, was zu einem Ungleichgewicht führt. Dies führt wiederum zu Krankheiten und Beschwerden in Körper und Geist.

Bei der Energieheilung geht es um einen ganzheitlichen Ansatz zur Wiederherstellung des Gleichgewichts im Energiefluss durch Ihren Körper, Ihren Geist und Ihre Seele. Energieheilung wirkt sich direkt auf die physischen, mentalen, emotionalen und spirituellen Aspekte Ihres Wohlbefindens aus. Energieheiler beherrschen die Kunst, Energie zur Behandlung verschiedener Erkrankungen einzusetzen, insbesondere solcher, die Ihre geistige Gesundheit betreffen.

Sie tun dies, indem sie die Lebensenergie nutzen, um die Wurzel der Störung im Energiesystem zu ermitteln. Sobald sie die Stelle der Blockade lokalisiert haben, wird der Energiefluss wiederhergestellt. Die kranke Person wird automatisch geheilt, wenn die Flussstörung behoben ist. Um mit Energie zu heilen, müssen Sie zunächst Ihren Energiekörper beherrschen. Lesen Sie dazu bitte Kapitel Vier. Sobald Sie Ihr Energiefeld und Ihre Astralform kontrollieren können, sind Sie in der Lage, Ihre Energie zu nutzen, um die Energiesysteme anderer Menschen zu heilen.

Energiestörungen werden oft durch eine Ansammlung von körperlichem, geistigem und emotionalem Stress verursacht. Sie kann auch durch Umweltstress, Traumata und negative Glaubenssysteme verursacht werden. Dies sind Faktoren, die Ihr spirituelles und persönliches Wachstum blockieren. Sie sammeln sich oft an und lagern sich in Ihrem Energiefeld ab, was zu einer verminderten Funktionsfähigkeit führt.

Mit Hilfe von Energieheilungstechniken können Sie den Heilungsprozess unterstützen, um Blockaden in Ihrem Energiefeld zu beseitigen, das Gleichgewicht der Chakren zu reparieren und wiederherzustellen und, was noch wichtiger ist, die Energie in Ihrem Körper neu zu verteilen, damit er wieder optimal funktionieren kann. Von dort aus kann der Körper seine Fähigkeit zur Selbstheilung zurückgewinnen.

Darüber hinaus können Ihnen Energieheiltechniken auch dabei helfen, Probleme zu erkennen und diese zu identifizieren, bevor sie sich körperlich als Schmerz oder Störung manifestieren. Das Erlernen von Energieheilung öffnet Ihr Bewusstsein für jeden Teil Ihres Körpers, der Heilung benötigt. Dies hilft Ihnen dabei, ein Gefühl von Harmonie, Gesundheit und Vitalität in Ihr Leben zu bringen.

Es gibt verschiedene Energieheiltechniken. Um Energieheiler zu werden, müssen Sie einige dieser Methoden beherrschen. Einige der beliebtesten Techniken, die explizit zur Energieheilung eingesetzt werden können, sind Reiki und Akupunktur. Daneben gibt es auch weniger bekannte Techniken wie den Chakraausgleich, das spirituelle Heilen und die Kristallheilung. Das folgende Kapitel befasst sich mit der Methode der Kristallheilung, so dass ich hier nicht näher darauf eingehen werde. Denken Sie daran, dass ich in einem früheren Kapitel auch den Chakraausgleich erklärt habe. Daher werden wir an dieser Stelle nicht ausführlicher darüber sprechen.

Reiki-Heilung

Reiki wurde vor über hundert Jahren von Mikao Usui, einem japanischen Buddhisten, entwickelt. Es handelt sich um eine

Heiltherapie, die auf dem Prinzip beruht, dass wir alle von einer unsichtbaren Lebenskraft (Energie) geleitet werden, die unser körperliches, emotionales und geistiges Wohlbefinden steuert. Wenn diese Lebenskraft frei und uneingeschränkt fließt, können wir auf unbekannte Kraftreserven im gesamten Universum zugreifen. Wenn die Lebenskraft einer Blockade ausgesetzt ist, die oft durch eine Überlastung mit Stress, Traumata oder negativen Gedanken verursacht wird, beeinträchtigt dies die Funktionalität unseres Systems. Das ist dasselbe, was ich in dem Kapitel erklärt habe, in dem Sie Details zu Ihrem Energiekörper erfahren haben.

Jemand, der sich mit spirituellen Praktiken nicht gut auskennt, könnte dies leicht als Magie oder Voodoo abtun. Dennoch haben viele nicht-spirituelle Menschen die Wirksamkeit von Reiki zur Behandlung körperlicher und geistiger Beschwerden bestätigt. Die meisten Menschen, die sich von der Heilkraft von Reiki überzeugen konnten, berichteten, dass sich ihre Sichtweise, ihr Denken und ihre allgemeine Stimmung zum Positiven verändert haben. Reiki ist eine Mischung aus Energieausstreichungen und leichten Berührungen am ganzen Körper. Für manche Menschen mag es sich wie eine Erdung anfühlen, während es für andere eine emotionale Neuausrichtung bedeutet.

Der erste Schritt bei jeder Reiki-Heilung besteht darin, Energie zu empfangen. Beginnen Sie damit, Ihre Energiequelle in Ihrem System zu aktivieren. Schließen Sie die Augen und atmen Sie ein paar Mal kräftig und tief durch. Stellen Sie sich vor, wie sich Ihr Kronenchakra öffnet und ein Strom weißen Lichts herausfließt. Das weiße Licht ist heilend. Stellen Sie sich vor, wie das Licht von Ihrem Kopf in Ihr Chakra, zu Ihren Armen und Händen wandert. Bitten Sie darum, dass das Licht den Teil Ihres Körpers ausfüllt, der am meisten Heilung benötigt.

Während die Energie von einem Teil Ihres Körpers zum nächsten fließt, atmen Sie weiter. Tun Sie dies, bis die Energie jeden Teil Ihres Körpers berührt hat, an dem Sie Heilung benötigen. Es kann sein, dass Ihr Geist währenddessen beschäftigt ist. Konzentrieren Sie sich einfach wieder auf das Gefühl Ihrer Atmung, während Sie fortfahren. Stellen Sie sich vor, dass Sie ein Medium für die Heilung sind. Beten Sie zum Göttlichen, damit Sie Heilung von höchster Qualität empfangen können. Wenn Sie Reiki-Heilung anwenden, um einem geliebten Menschen zu helfen, müssen Sie zuerst sicherstellen, dass Sie mit positiver Energie gefüllt sind.

Mit Reiki können Sie einer anderen Person dabei helfen, ihren Schlaf zu verbessern. Folgen Sie dazu den folgenden Schritten.

- Bitten Sie den geliebten Menschen oder den Empfänger, sich flach auf das Bett zu legen, während Sie sich um seinen Kopf herumbewegen. Stellen Sie sich einen hellen Lichtstrahl vor, der von Ihrer Hand durch den Hinterkopf in den Körper eindringt. Setzen Sie sich die Absicht, dass das Licht den Geist des Betroffenen von allen aufkommenden Beschwerden befreien soll.
- Sagen Sie dem Empfänger, dass er mehrere Mal lang ein- und ausatmen soll. Bitten Sie sie die Person, ihre gesamte Erinnerung an den Tag auf einmal zu visualisieren und sich für die Erinnerung zu bedanken. Bitten Sie sie dann, die Erinnerung mit ihrem Atem loszulassen.
- Fahren Sie damit fort, das heilende Licht aus Ihren Händen in das Energiefeld der Person zu kanalisieren. Bitten Sie sie, sich vorzustellen, wie ihr Körper geheilt wird, sich entspannt und schwer wird, um eine angenehme Nachtruhe zu genießen.

Fünfzehn bis dreißig Minuten reichen aus, um Reiki für den Schlaf an Ihrem Angehörigen oder einer anderen Person, an der Sie es ausprobieren möchten, anzuwenden. Wenn Sie fertig sind, sollte die Person entspannt und ruhig genug sein, um sanft in den Schlaf zu gleiten.

Reiki kann auch Stress und Ängste lindern, die zu Energieblockaden im System führen können. Stress und Angst stören die Atmung eines Menschen, was zu Kurzatmigkeit führt. Dies führt wiederum zu mehr Stress.

Der Zweck von Reiki bei Stress ist es, Energie in den Körper des Empfängers zu leiten, um Spannungen zu beseitigen und die verknoteten Nerven zu lösen.

- Legen Sie Ihre Handflächen für bis zu 15 Minuten auf die Schultern der Person.
- Schicken Sie die reine Energie aus Ihrer Hand in den Körper der Person.
- Atmen Sie tief durch und bitten Sie sie, mit Ihnen zu ein und auszuatmen. Erlauben Sie es Ihrer gegenseitigen Atmung, sich zu synchronisieren. Dies wird auf natürliche Weise einen Teil

der angespannten mentalen Energie in ihren Körper entlassen.

– Wenn die Person flach daliegt, legen Sie Ihre Hand hinter ihren Kopf, um ihr dabei zu helfen, sich weiter zu beruhigen und zu entspannen.

Um so viel Entspannung wie möglich zu erreichen, halten Sie dieses Verfahren etwa 15 bis 20 Minuten lang durch.

Zum Abschluss müssen Sie die Energie aus Ihrer Krone versiegeln. Bringen Sie Ihre Dankbarkeit für den erfolgreichen Heilungsprozess zum Ausdruck. Reinigen Sie sich mit der Energie aus Ihrer Hand. Schließen Sie dann die Energiequelle, um die Heilungssitzung zu beenden. Sie können etwas so Einfaches wie das Abwischen Ihrer Hände von überschüssiger Energie tun und die verbleibende Energie im Gebet loslassen. Beenden Sie die Sitzung, indem Sie beide Hände zum Gebet erheben.

Qigong

Qigong ist eine spirituelle Heiltherapie, die dazu dient, das verlorene Gleichgewicht des Körpers wiederherzustellen. Diese Methode gibt es bereits seit 4000 Jahren. Sie besteht aus einer Reihe von koordinierten Körperbewegungen, zu denen auch Atmung und Meditation gehören. Das Ziel von Qigong ist es, Gesundheit, Vitalität und Spiritualität in Ihrem Körper, Ihrem Geist und Ihrer Seele zu fördern. Der Name verrät bereits, dass diese Heiltherapie mit Energie arbeitet. Qi ist das chinesische Wort für Energie.

Bei diesem Heilverfahren geht es darum, die Energie durch die Kanäle und Zentren zu bewegen und dabei den Fluss der Energie zu fixieren, zu stärken und über die verschiedenen Energiepunkte im ganzen Körper auszugleichen. Die Übungen können Krankheiten vorbeugen, sie heilen, eine gute Gesundheit erhalten und die Chancen auf ein langes Leben erhöhen. Das Besondere an dieser Energieheilung ist, dass Sie sie für jeden und in jedem Alter anwenden können. Ihre körperliche Verfassung spielt dabei keine Rolle. Qigong kann die Qualität Ihrer allgemeinen Gesundheit erheblich verbessern.

Es gibt einige grundlegende Qigong-Übungstechniken.

Die erste ist die Konzentration. Dies ist eine Methode, die darauf abzielt, das Energiebewusstsein zu erhöhen. Es geht darum zu lernen, wie man sich konzentriert und gleichzeitig loslässt. Mit anderen Worten, die Qigong-Konzentration hilft Ihnen, die Funktionen Ihres Geistes, Körpers und Ihrer Seele in Einklang zu bringen, während Sie sich konzentrieren und sich nicht von äußeren Faktoren ablenken lassen. Auf diese Weise lassen Sie die Sorgen des Alltags von sich abfallen.

Die Atmung ist ebenfalls eine Qigong-Übungstechnik. Diese Methode zielt darauf ab, die Lebensenergie mit Ihren Atemzügen zu stimulieren. Die beiden gebräuchlichsten Atemmethoden, um Ihren Körper mit Energie zu füllen, sind der Atem des Buddha und der Atem des Daoisten.

Buddhas Atem verlangt von Ihnen, dass Sie einatmen und Ihren Bauch mit Luft ausdehnen. Wenn Sie schließlich ausatmen, ziehen Sie Ihren Bauch zusammen und lassen den Atem los. Beginnen Sie dabei im unteren Bereich Ihrer Lunge und drücken Sie ihn nach außen, bis die Luft aus Ihrem Bauch und Ihrer Brust entweicht. Während Sie ein- und ausatmen, stellen Sie sich vor, wie Ihr Qi durch die Energiekanäle fließt. Lassen Sie es mit Ihrem Geist in geordneter Weise fließen. Ziehen oder drücken Sie nicht an der Energie.

Der daoistische Atem ist das direkte Gegenteil des buddhistischen Atems. Sie können die oben genannten Schritte wiederholen, aber machen Sie es genau umgekehrt. Atmen Sie ein und spannen Sie Ihre Bauchmuskeln an. Atmen Sie dann aus und erlauben Sie es Ihrem Oberkörper und Ihrer Lungen, sich zu entspannen.

Während Sie diese Schritte durchlaufen, sollten Sie nie vergessen, dass Qigong eine fortlaufende Möglichkeit ist, das Bewusstsein auf höchstem Niveau zu steigern. Üben Sie sie dennoch nur, wenn Sie sich wohlfühlen. Machen Sie die Übungen, die Sie als angenehm empfinden.

Nachfolgend finden Sie eine schnelle Qigong-Bewusstseinsübung:

- Schließen Sie die Augen zur Hälfte. Befreien Sie Ihren Geist und konzentrieren Sie sich auf Ihre Handflächen.
- Atmen Sie langsam und sanft, ohne Kraft. Sie sollten das Gefühl haben, dabei in Trance zu sein.
- Führen Sie Ihre Hände zusammen, wobei sich die Handflächen berühren und die Finger nach oben zeigen. Achten Sie darauf, dass die Mittelpunkte Ihrer Handflächen einander berühren. Auf diese Weise können Sie spüren, wenn Energie aus Ihrem Körper auszustrahlen beginnt.

– Bewegen Sie Ihre Hände langsam auseinander, bis sie etwa 12 Zentimeter voneinander entfernt sind. Es sollte sich so anfühlen, als ob Sie Luft zwischen Ihren Händen komprimieren würde.

– Sie werden an der Stelle, an der sich die Handflächen berühren, ein Kribbeln spüren.

– Beginnen Sie mit einer Hin- und Herbewegung Ihrer Hände. Variieren Sie die Reichweite der Energiemanipulation.

Diese Übung kann Ihnen dabei helfen, Energie zu kanalisieren, Ihr Bewusstsein zu entwickeln und sich selbst zu erleuchten. Bereiten Sie sich auf einen Bewusstseinswandel vor, wenn Sie die Kräfte der Qi-Energie zum ersten Mal erfahren.

Prana-Heilung

Das indische Wort für Energie ist Prana. Daher ist Prana-Heilung nur eine andere Möglichkeit, um Energieheilung zu sagen. Es handelt sich um eine Form der Heilmethode, bei der Prana, auch bekannt als die universelle Lebenskraft, erhöht, kontrolliert und für bestimmte Heilungszwecke und -leistungen eingesetzt wird. Prana-Heilung kann für Sie selbst oder für die Menschen in Ihrer Umgebung angewandt werden. Der Prozess beinhaltet die Projektion von Prana aus einer reinen Quelle in das System von Menschen, die Heilung benötigen. Es gibt verschiedene Stufen der Prana-Heilung.

Zunächst gibt es die grundlegende Prana-Heilung. Das ist die grundlegendste Heilebene, bei der Sie Ihre Prana-Energie in den Körper einer Person projizieren. Dazu gehört es auch, dass Sie den Körper der Person einschätzen, reinigen, ausgleichen und die projizierte Energie schließlich loslassen. Der Heiler, der in diesem Fall Sie sind, muss außerdem die Energieleitung zwischen dem Energieempfänger und sich selbst durchtrennen. Dies dient dazu, eine Kontamination zu verhindern und den Heilungsprozess zu beschleunigen.

Zweitens gibt es die fortgeschrittene Prana-Heilung, die Sie nur dann beherrschen, wenn Sie die Prana-Energie nutzen, um den Körper eines Menschen zu entschlacken und zu reinigen, um ihn zu beleben und zu revitalisieren.

Drittens geht es bei der sogenannten Prana-Psychotherapie um die Beherrschung der Fähigkeit, farbige Prana-Energie zur Heilung von

Geisteskrankheiten und psychischen Störungen einzusetzen.

Die vierte und letzte Version ist die Prana-Kristallheilung, bei der es darum geht, mit Hilfe von Heilkristallen die Energie auf einer intensiveren Ebene gezielt auf jemanden zu konzentrieren.

Natürlich müssen Sie zunächst mit der Grundstufe beginnen. Wenn Sie mehr üben, können Sie zu anderen Stufen der Prana-Heilung übergehen.

Ich habe die Vorgehensweise bei der Durchführung der grundlegenden Prana-Heilmeditation unten aufgeführt. Sie umfasst sieben Schritte, die alle der Reihe nach befolgt werden müssen.

- Schritt 1: Die Reinigung ist der erste Schritt der Prana-Heilung. Sie beginnen mit ein paar einfachen Übungen zur Reinigung des Energiekörpers. Der Zweck der Reinigung ist es, die angesammelten Energiestaus im aurischen Feld loszuwerden.

- Schritt 2: Die Invokation ist der zweite Schritt der Prana-Heilung. Sie ist bei dieser Art der Meditation von großer Bedeutung. Sie müssen dabei einfach den göttlichen Segen und die göttliche Führung in Ihrer Meditation erbitten. So stellen Sie sicher, dass Sie während des Verfahrens absoluten Schutz und angemessene Hilfe erhalten.

- Schritt 3: Der dritte Schritt ist die Aktivierung des dritten Chakras. Drücken Sie dazu zwei Finger auf die Stelle, an der sich Ihr Herz befindet. Visualisieren Sie das Chakra und konzentrieren Sie sich auf Ihr Herz. Stellen Sie sich die Erde als einen kleinen glühenden Ball mit leuchtendem bläulich-rosa Licht vor und segnen Sie damit alle Menschen im Universum. Stellen Sie sich vor, dass jeder auf der Erde, einschließlich Sie selbst, von wunderbaren Gefühlen des Friedens, der Freude, der Hoffnung und der Hingabe erfüllt wird.

- Schritt 4: Der nächste Schritt ist die Aktivierung des Kronenchakras. Genau wie in Schritt 3 drücken Sie zwei Finger auf den Scheitel Ihres Kopfes, wo sich Ihre Krone befindet. Warten Sie ein paar Sekunden lang, während Sie sich auf das Kronenchakra konzentrieren. Senden Sie Segenswünsche an alle Menschen auf diesem Planeten und bitten Sie darum, dass sie mit Liebe, Licht und Freundlichkeit erfüllt werden. Spüren Sie den positiven Energiefluss, der durch Ihren eigenen Körper und Geist fließt.

- Schritt 5: Stellen Sie sich ein strahlend weißes Licht vor, das aus Ihrem Kronenchakra austritt. Stellen Sie sich vor, dass das Licht den gesamten Planeten überflutet. Das bedeutet, dass Sie die ganze Erde mit dem weißen Licht aus Ihrem Kronenchakra und dem goldenen Licht aus Ihrem Herzchakra segnen. Dadurch wird Ihr Segen noch reichhaltiger und stärker. Spüren Sie wieder den positiven Energiefluss, der durch Ihren Geist und Körper fließt.

- Schritt 6: Der sechste Schritt ist die Phase, in der Sie Erleuchtung erreichen, im Grunde eine Erweiterung Ihres Bewusstseins. Stellen Sie sich das strahlend weiße Licht auf Ihrem Kronenchakra vor und sagen Sie gemeinsam „OM" und „Amen". Tun Sie dies bis zu 15 Minuten lang. Wiederholen Sie das Mantra und konzentrieren Sie sich gleichzeitig auf das Licht. Sobald Sie einen Staupunkt erreicht haben, werden Sie spüren, wie das Licht in Ihnen explodiert.

- Schritt 7: Der letzte Schritt besteht darin, die verbleibende Energie in Ihrem Inneren loszulassen. Das ermöglicht Ihnen den perfekten Abschluss Ihrer Meditation. Nehmen Sie sich noch ein paar Minuten Zeit, um die Erde zu segnen, während Sie die Energie durch Ihre Hand in die Erde entweichen lassen.

Bevor Sie Ihre Sitzung beenden, sollten Sie Ihrem Körper erlauben, zu seinem normalen, stabilen Selbst zurückzukehren. Andernfalls können Sie Beschwerden wie akute Brustschmerzen und Migräne erleben.

Quantenheilung

Bei der Quantenheilung wird eine Kombination aus Atem- und Visualisierungsübungen eingesetzt, um das Energieniveau in Ihrem System zu erhöhen. Die Quantenheilung hat nicht nur spirituelle Vorteile, sondern auch eine direkte medizinische Wirkung auf Ihr Immunsystem. Im Grunde genommen verbindet die Quantenheilung Meditation und östliche Medizin mit Geist-Körper-Medizin und Quantenphysik. Indem Sie die vitale Lebenskraft auf der Quantenebene verschieben, können Sie Quantenheilungsmethoden anwenden, um Ihren Geist, Ihren Körper und Ihre Seele zu heilen.

Ich rate Anfängern nicht dazu, die Quantenheilung auf eigene Faust auszuprobieren, es sei denn, sie haben zur Vorbereitung einen umfassenden Kurs besucht. Damit will ich Ihnen nicht sagen, dass Sie die Quantenheilung unbedingt selbst ausprobieren sollen. Dennoch gibt es Übungen zur Körperwahrnehmung, die mit dieser Methode zusammenhängen. Sie sind kurz und einfach, so dass Sie sie ruhig selbst ausprobieren können.

Das Kernprinzip der Quantenheilung besteht darin, Ihre Schwingungsebenen durch Resonanz und sogenanntes „Entrainment" zu erhöhen. Daher sind Körperbewusstsein und Atemtechniken ein guter Anfang für jeden, der sich für Quantenheilung interessiert.

Hier sind einige Übungen zum Ausprobieren:

- **Strecken Sie Ihren Finger**: Strecken Sie Ihren Mittelfinger. Bleiben Sie aufmerksam und nehmen Sie den Finger wahr. Lenken Sie Ihre Aufmerksamkeit nicht von ihm ab. In den nächsten Minuten werden Sie ein Kribbeln, Summen, Wärme, Schwere und Vibration in diesem Finger spüren. Ihr Bewusstsein für den Finger wird geschärft dadurch.

- **1-4 Atmen**: Atmen Sie tief und vollständig bis zur Eins ein und bis zur Vier aus. Tun Sie dies, bis Ihnen schwindlig wird. Hören Sie dann auf.

- **4-4 Atmen**: Führen Sie im Geiste eine Körperbewegung von den Füßen bis zum Scheitel durch, während Sie bis zum vierten Atemzug einatmen. Nehmen Sie sich für jede Zahl eine Sekunde lang Zeit. Sie sollten langsam Wellen von Empfindungen wahrnehmen, während Sie Ihr Bewusstsein von einem Körperteil zum nächsten verlagern. Atmen Sie vier Atemzüge lang aus und lassen Sie alle dadurch erzeugten Empfindungen in Ihren Händen zusammenlaufen.

Wie bei allen übersinnlichen Fähigkeiten, die wir bisher besprochen haben, müssen Sie sich in der Praxis üben, wenn Sie all diese Energieheiltechniken meistern wollen.

Kapitel Zwölf: Kristalle zur Heilung und für die persönliche Kraft

Wenn Sie auf Ihrer hellseherischen Reise Fortschritte machen wollen, gibt es bestimmte Dinge, die Sie regelmäßig machen müssen. Kristalle gehören zu den Dingen, die Ihre übersinnlichen Fähigkeiten steigern und Ihre Heilkraft verbessern können. Sie sind nicht nur schön. Sie haben auch eine Reihe von Eigenschaften, die sie zu einem absoluten Muss machen. Kristalle stecken voller Energie und schenken ihren Besitzern Klarheit, Schutz und Weisung. Darüber hinaus können Sie sie auch benutzt werden, um Ihre übersinnlichen Fähigkeiten zu verstärken.

Seit Jahrhunderten werden Kristalle aufgrund ihrer kraftvollen Eigenschaften auf vielfältige Weise eingesetzt. Dank ihrer Energie können sie leicht auf Körper und Geist einwirken. Aufgrund ihrer Verbindung mit dem Kosmos und zu Ihnen selbst sind sie die besten Hilfsmittel für Ihre psychische Entwicklungsreise. Manche Menschen denken, dass Kristalle eine veraltete Art der Verbindung mit der geistigen Welt sind. Diese Menschen haben keine Ahnung, was sie sich entgehen lassen. Vergessen Sie alles, was Sie in Hollywood-Filmen über Kristalle und deren Verwendung gelernt haben und konzentrieren Sie sich auf die Realität.

Kristalle sind natürliche Mineralien aus dem Boden der Erde. Ihre Verbindung mit der Erde ist wahrscheinlich der Grund dafür, warum sie so starke energetische Eigenschaften haben.

Die Wahl der Kristalle für Ihren persönlichen Gebrauch hängt ganz davon ab, wofür Sie sie verwenden möchten. Aber das Tollste an ihnen ist, dass Sie sie nicht auswählen müssen. Die Kristalle wählen Sie. Die kraftvolle Energie eines Kristalls kann sich mit Ihrer eigenen verbinden und Sie zu ihm hinziehen. Wenn Sie Kristalle einkaufen gehen, werden Sie sich einfach gezwungen sehen, einen bestimmten Kristall zu kaufen. Wenn das auf Sie zutrifft, sollten Sie sich unbedingt für diesen bestimmten Kristall entscheiden. Vergessen Sie nie, dass Ihre Intuition stärker ist, als Sie es sich vorstellen können.

Im Folgenden werde ich die Kristalle auflisten, die Sie am besten verwenden können, um Ihre übersinnlichen Sinne zu verbessern. Aber vorher sollten Sie noch ein paar andere Dinge beachten. Wenn Sie die Liste der Kristalle durchgehen, sollten Sie zunächst die Kristalle betrachten, die Ihnen am interessantesten erscheinen. Analysieren Sie diese nicht zu viel, sondern achten Sie einfach darauf, welche Kristalle Sie anziehen. Es gibt keine endgültige Anleitung für die Auswahl des richtigen Kristalls. Erlauben Sie sich einfach, Spaß bei der Suche zu haben.

Wenn Sie die Kristalle persönlich aussuchen, halten Sie sie in Ihren Händen und achten Sie darauf, wie Sie sich anfühlen. Sie werden feststellen, dass die einzelnen Kristalle unterschiedliche Gefühle bei Ihnen auslösen. Wenn Sie die Kristalle online kaufen, atmen Sie tief durch und konzentrieren Sie sich. Fragen Sie sich beim Durchsuchen der Bilder im Internet, wie Sie sich beim Anblick der Kristalle fühlen.

Mit diesem Gedanken im Hinterkopf können Sie Ihre Kristalle auswählen. Alle Kristalle sind energetische Gegenstände. Sie alle haben die Macht, Ihren Körper und Ihren Geist für Ihre angeborenen übersinnlichen Fähigkeiten zu öffnen. Aber einige Kristalle haben stärkere Energien als andere. Hier sind einige der stärksten Kristalle, die zur Steigerung Ihrer übersinnlichen Fähigkeiten dienen können.

- **Amethyst:** Dies ist ein wunderschöner violetter Stein, der unglaublich kraftvoll, reinigend und heilend ist. Der Amethyst ist gut für die Entwicklung des dritten Auges. Er kann benutzt werden, um negative und giftige Energie loszuwerden. Er reinigt auch das Blut, kurbelt die Hormonproduktion an und baut Stress und Ängste ab. Er soll die Nüchternheit fördern und den Schlaf verbessern.

- **Azurit:** Dies ist ein weiterer Favorit für das Öffnen des dritten Auges. Azurit schwingt auf der gleichen Ebene wie das dritte Auge und ist daher für alle geeignet, die ihre übersinnlichen Fähigkeiten, wie z.B. das Hellsehen, verbessern möchten.
- **Klarer Quarz:** Dies ist ein weißer Kristall, den viele Hellseher als Meisterheiler betrachten. Dem klaren Quarz wird nachgesagt, dass er Energie absorbieren, speichern, freisetzen und verstärken kann. Er hat auch die natürliche Fähigkeit, Fokus und Konzentration zu verbessern. Er kann außerdem das Immunsystem reinigen und ausgleichen, indem er es stimuliert. Sie können diesen Stein mit anderen Steinen kombinieren, um seine Energie und Fähigkeiten weiter zu verstärken. Er kann gut mit dem Rosenquarz kombiniert werden.
- **Rosenquarz:** Dieser rosafarbene Stein ist ein Symbol der Liebe. Er wird verwendet, um Harmonie und Vertrauen in einer Beziehung zu erhalten. Wenn Sie Ihre Beziehung und Ihre intimen Verbindungen zu anderen verbessern möchten, ist dieser Stein genau das Richtige für Sie. Er kann auch dabei helfen, Liebe, Vertrauen, Respekt und Wertschätzung aufzubauen.
- **Blutjaspis:** Hierbei handelt es sich um einen weiteren brillanten Stein für die Entwicklung Ihrer übersinnlichen Fähigkeiten. Die Möglichkeit, dass Sie sich geerdet fühlen, ist auf Ihrer Reise von entscheidender Bedeutung, und genau dabei kann Ihnen der Blutjaspis helfen. Dieser Stein eignet sich auch hervorragend, um das Wurzelchakra zu aktivieren. Vergessen Sie nicht, dass das Wurzelchakra Ihr Schlüssel dazu ist, um in Mutter Erde geerdet zu bleiben. Legen Sie sich einen solchen Kristall unter Ihr Bett, bevor Sie schlafen, und Sie werden den Unterschied bemerken.
- **Obsidian:** Dies ist ein sehr kraftvoller Stein, um sie vor körperlicher, geistiger und emotionaler Toxizität zu schützen. Sie können ihn verwenden, um emotionale Blockaden im Energiesystem zu beseitigen. Er hilft auch bei der Entgiftung des physischen Körpers.

Jeder Kristall hat unterschiedliche Schwingungen. Es spielt nicht einmal eine Rolle, ob es sich dabei um dieselbe Steinsorte handelt. Die

Verwendung von Kristallen zur Heilung und zur Steigerung Ihrer übersinnlichen Fähigkeiten ist eine gute Möglichkeit, um gleich mehrere Vorteile auf einmal zu erhalten.

Die richtige Pflege Ihres Kristalls ist wichtig. Reinigen Sie Ihre Kristalle regelmäßig, um Negativität und Giftstoffe abzuwehren. Sie können sie mit warmem oder kaltem Wasser abspülen. Sie können die Reinigung auch mit Meersalz oder durch das Verbrennen von Salbei durchführen.

Das Wichtigste ist dabei, dass Sie akzeptieren und respektieren, was Ihre Kristalle für Sie tun können. Befolgen Sie achtsam alle Tipps damit Ihre psychische Entwicklung reibungslos verläuft.

Fazit

Die psychische Entwicklung kann eine faszinierende und aufschlussreiche Reise sein, wenn Sie sie auf die richtige Art und Weise angehen. Wie ich schon sagte, kann man übersinnliche Fähigkeiten nicht in einem Rutsch erlernen. Sie müssen Monate und Jahre investieren und konsequent üben, wenn Sie entscheidende Fortschritte machen wollen. Seien Sie auf Ihrer Reise durch die Welt der Medien und Hellseher vorsichtig. Wenn möglich, suchen Sie sich einen Mentor, der die ganze Reise für Sie viel nachhaltiger und unterhaltsamer gestalten kann. Wenn Sie sich nicht erlauben, auf dem Weg Spaß zu haben, kann es passieren, dass Sie das Lernen abrupt abbrechen. Finden Sie Möglichkeiten, um sicherzustellen, dass dies nicht passiert. Ein echter Hellseher zieht immer alles bis zum Ende durch, egal wie schwierig es ist.

Und was noch wichtiger ist: Vergessen Sie nicht, Ihre persönlichen Fortschritte niemals mit denen anderer in Ihrer Umgebung zu vergleichen. Viel Glück!

Hier ist ein weiteres Buch von Mari Silva, das Ihnen gefallen könnte

Referenzen

Mediumship - New World Encyclopedia. (k.D.). Www.Newworldencyclopedia.org.
https://www.newworldencyclopedia.org/entry/Mediumship

(PDF) Telepathy: Evidence and New Physics. (k.D.). ResearchGate.
https://www.researchgate.net/publication/323811942_Telepathy_Evidence_and_New_Physics

Psychic Readings | Tarot Reading | Psychics.com. (k.D.). Www.Psychics.com.

The Editors of Encyclopedia Britannica. (k.D.). Clairvoyance | psychology. Encyclopedia Britannica. https://www.britannica.com/topic/clairvoyance

www.ingramcontent.com/pod-product-compliance
Lightning Source LLC
Chambersburg PA
CBHW051846160426
43209CB00006B/1178